青春文庫

将の器《うつわ》 参謀の器《うつわ》

あなたはどちらの〝才覚〟を持っているか

童門冬二

JN265863

青春出版社

はじめに——あなたもりっぱな将であり、参謀です

現代は、

「戦国時代と幕末時代とがダブって訪れている」

といわれる。日本人の価値観が根底からかわり、個人も社会も国も、

「二十一世紀をどう生きるか」

という模索の努力をつづけている。これはまさに、応仁の大乱後の戦国時代だ。

いっぽうアメリカをはじめ外国列強の日本の経済政策に対する関心はつよく、時に内政干渉にちかい容喙《ようかい》（口出し）があったりする。幕末開国時代がおなじだった。

こういうときにとくに問われるのが、

「トップリーダー（将）とブレーン（参謀）」

の能力だ。ふたつの時代が複合するいま、だれもがもつべき要件は、
・先見力　・情報力　・判断力　・決断力　・行動力　・体力
の六つだ。そしてこの六要素をムダなく発揮するには、

・グローバルなもののみかた
・ローカルに生きる
という〝グローカリゼイション〟が必要だ。つまり日本のどこで働いているにせよ、

「その地域というせまい〝井戸の中のカエル〟」

になってはダメだということだ。国の内外の情報にもピンと耳を立て、目を大きく横にひらくことが必要なのだ。そうさせるパワーの源はなんといっても、

「好奇心（関心）と情熱」

だ。あらゆる仕事は手順として、
1．情報をあつめる　2．あつめた情報を分析する　3．問題点について考え、解決のための選択肢を用意する　4．それをひとつえらぶ　5．実行する　6．結果がわるければ別の選択肢をえらぶ（修正、ロウリング）
というプロセスをたどる。このうち〝将（トップ）〟の役割は4の決断に重点がおかれる。1から3までは参謀の役割だ。

となると、いまは働くひとのほとんどが参謀的役割を果たしている。つまり実働

者（ライン）がそのままブレーン（参謀、スタッフ）なのであって、ことさらに参謀という存在がもとめられているわけではない。このことを別なことばでいえば、いまの働き手はすべて、

「自分で考え、選択肢を用意する」

という責務を負っているのだ。そしてリーダーのすべてが〝将〟の責務を負っている。このことは、それだけ仕事がおもしろい、ということである。

いまはだれもが将であり参謀である時代だ。そうなるにはどうすればいいか。それを歴史のなかから、親しみのある人物の身近な行動に光をあてなおして、探ってみたのがこの本だ。どうか、

「なんだ、自分もりっぱな将であり、参謀だ」

という自信とよろこびを読みとっていただきたい。とくに若いひとたちにそれを期待したい。

童門冬二

ブックデザイン　坂川事務所
カバー写真　ＩＰＳ

将の器《うつわ》　参謀の器《うつわ》——目次

3章　前例をあえて打ち破る——125

4章　時代の先を読みきる——199

◇世の中の変化に即応する、将たる者の視野の広げ方

1章

将たる器《うつわ》とは

◇いかなる人間をも受け容れ、活かしきる器量はあるか

1．家康が見せた懐の深さ

部下を遊ばせる度量

徳川家康は、駿河（静岡県東部）の大名だった今川義元が桶狭間の合戦で織田信長に滅ぼされるまで、今川家の人質だった。義元が殺されると、やっと拠点の岡崎城に戻れた。家康は城を整備し、町づくりをおこなった後、町奉行を置いて民政にも力を入れた。

町の人々の楽しみとして、当時のことなので公娼の店も置いた。城では宿直《とのい》の制度を設け、三人一組にして終夜、警戒に当たらせた。また町で何か起こった時は、すぐそこに行って解決させた。

ある夜、家康が突然宿直室に入ってきた。この日は甲、乙、丙の三人が宿直当番だったが、部屋にいたのは甲だけだった。家康は部屋をみまわし、

「後の二人はどうした？」

と聞いた。甲は返事に困った。というのは、乙と丙は町にできた公娼の店に遊びに行ってしまっていたからである。しかしそんなことはいえない。家康はさらに、

「他の連中はどうしたのだ？」

と問い詰めた。

ついに隠しきれなくなって甲は、

「実は、同僚二人は公娼の店に出掛けております」

といった。

家康はなにと眼をむいたが、やがて思い直してニコリと笑った。そして甲にこう聞いた。

「おまえはなぜ行かないのだ？」

「はあ」

予想もしないことを聞かれて、甲はびっくりした。

「だれか一人残っていなければ宿直の用が果たせませんので、わたしが残っております」

と苦しそうに答えた。家康は、

「おまえはバカだな」

といった。甲は、

「なぜバカでございますか?」

と家康をみかえした。他の二人が遊びに行ったのに、自分だけ残っていたのだから誉められるかと思ったら、逆にバカだといわれたのでムッとしたのだ。家康はこういった。

「他の二人が遊びに行ったのに、おまえ一人だけ留守番をしているのはバカの証拠だ。おまえもさっさと遊びに行け。代わりにオレが宿直を務めてやる」

甲はびっくりした。あきれて家康の顔をみかえした。しかし家康はニコニコ笑っている。そして、

「さあ、早くゆけ」

と甲をうながした。しかたなく甲は町へ走っていった。しかし遊びにいったわけではない。公娼の店に飛び込んで、

「家康様が宿直室におみえになったぞ。すぐ戻れ」

といった。遊んでいた乙と丙はびっくりした。真っ青になって、

「どうしよう」

と顔をみあわせたが、甲にうながされて二人とも城に戻ってきた。宿直室にはまだ家康がいた。三人が戻ってくると、家康は何もいわずに、

「戻ってきたか、では交代しよう。後を頼むぞ」

そういって自分の部屋に戻っていった。

遊びの中から得られるものもある

宿直者まで城を抜け出して公娼の店に行くという噂は城内に流れた。

「けしからん」

と怒ったのが、町奉行の彦坂という男である。彦坂はすぐ家康の所にやってきて、

「こういう話を伺いましたが本当ですか？」

と聞いた。家康は、

「本当だ」

とうなずいた。彦坂はこういいった。

「歓楽街があるのは安倍川町です。あの町があるために、城の若者も堕落するのです。思い切って安倍川町を山の中に移しましょう。そうすれば町が遠くなって、宿直者が城から抜け出して遊びにいくこともなくなると思います」

「そんな必要はない」

家康は首を横に振った。そして、

「彦坂よ」

と、町奉行の彦坂に呼びかけてこんな話をした。

「岡崎の城下町はまだ基盤整備が十分整っていない。町そのものが建設中だ。他国の人間もたくさん入り込んできて活気がある。人間の楽しみは、やはり飲むことや女性と接することだ。安倍川町はそういう役割を果たしてくれている。城の若者にとっても必要な活力の再生の場所なのだ（いまの言葉でいえば）。それを遠くへ追いやってしまえば、安倍川町の存在意義が薄くなる。わたしは反対だ」

そういって家康は、手にしていた一冊の本を彦坂にみせた。

「これは梁塵秘抄《りょうじんひしょう》という本で、昔、後白河法皇がお編みになったものだ。今様《いまよう》集だよ」

彦坂は家康が突然何をいい出したのかわからず怪訝《けげん》な顔をした。そして家康が示した梁塵秘抄という本をみた。今様が流行だということは彦坂も知っている。いまでいえばカラオケソング集だ。家康は説明した。

「後白河法皇はこの梁塵秘抄をお編みになるために、京都の町から白拍子や遊女まで京都御所の中にお呼びになった。そしていま町で流行っている歌はどういうものか、とお聞きになってこの本をつくられたのだ。わたしも同じだ。歓楽街には人間の喜怒哀楽がすべて凝縮している。人間の臭いがプンプンする。彦坂よ、たまには安倍川町の遊女たちをこの城に呼んで、わたしにもいろいろな意見を聞かせてもらえまいか」

「何ということを仰せられますか」

彦坂はビックリした。しかし家康は、

「本気だよ」

といった。

その後、彦坂は家康にいわれたとおり、安倍川町の遊女たちに、

「殿様に踊りをみせてあげてくれ」

という名目で、岡崎城内に連れてきた。城内の武士はみんなビックリした。遊女の中には、

「まあ、何とかさん」

と顔馴染みに声を投げる者もいた。声をかけられた者は慌てて逃げた。そんな光景を家康はニコニコしながら見守っていた。しかしかれはこの方法で、遊女たちから、岡崎城下で暮らす人々の本当の姿を知ろうとしたのである。それが政治に役立つと思っていたからだ。

だからかれは決して、歓楽街を罪深いものとか、あるいは汚れたものとは考えなかった。

こういう家康の心を知って、城内の武士たちもゆき過ぎた夜遊びを慎むようになった。むしろ逆に、こういう町に出掛けていって、

「自分たちが城の役人として何をしなければいけないのか」

を知ることのきっかけに役立てたのである。

家康の遊興政策は死ぬまでこの方針を貫いた。

2　人育ては、まず人を見ることから

どんな人間にも必ず見どころがある

戦国武将で人育てや人使いの名人といわれたのは、武田信玄だ。武田信玄が経営していた国を「甲斐《かい》」といった。日本の国は古くから二文字で国名を表すという法律ができていたが、甲斐の語源は〝山峡《やまかい》〟だといわれる。つまり山が多くて、耕せる土地が少ないということだ。第一次産業がその国の富の源泉であった当時、耕せる土地が少ないということは、それだけ生産性が低いということである。決して豊かな国ではない。

しかし経営者責任の強い武田信玄は、

「もっと事業を拡大して、この国に住む人々の生活を豊かにしたい」

と考えていた。

そこで、かなり他国に対して、いまでいえばマーケットの拡大を図った。

これに対して越後（新潟県）の上杉謙信などは、

「武田信玄は、他国への侵略者だ」

と怒った。

これが原因になって有名な川中島の合戦が起こる。

山峡の国を経営する武田信玄は、

「厳しい環境の中にあって、最も可能性のある手持ちの資源は人間だ」

と考えていた。そのため、かれの〝人づくり・人育て・人使い〟には、切実なものがあった。

しかしかれは、子供の時から苦労をしていたので、単に機能として部下を育てたわけではない。深い愛情があった。

かれは、

「人を育てるにしても、まずその人間がどういう性格で、どういう可能性を持っているかを見極めなければだめだ」

といっていた。

「人育ては、まず人を見ることから始まる」

というのである。

信玄の、「育てられる人間の性格を知る方法」として、こんなエピソードがある。信玄はよく子供や若者を集めて合戦の話をするのが好きだった。それが耳学問として、やがて実際に合戦場に出た時役立つと思うからである。

いってみれば、実戦の前の理論講義のようなものだ。信玄はこんなことをいっている。

「合戦の話をする時に、例えば四人の若者が聞いていたとする。聞き方がそれぞれ違う。一人は、口をあけたまま話し手であるわたしをジッとみつめている。二番目は、わたしと眼を合わせることなく、ややうつむいて耳だけを立てている。三番目は、話し手であるわたしの顔をみながら、時々うなずいたりニッコリ笑ったりする。四番目は、話の途中で席を立ちどこかにいってしまう」

信玄はこれらの聞き方によって次のように分析する。

・口をポカンとあけてわたしの顔をみている者は、話の内容がまったく分かっていない。注意散漫で、こういう人間は一人立ちできない。

・うつむいてジッと耳を立てている者は、視線を合わせることなく話だけに集中しようと努力している証拠だ。いま武田家でわたしの補佐役として活躍している連中のほとんどが、若い時にこういう話の聞き方をしたものだ。

・話し手の顔をみて、時々うなずいたりニコニコ笑ったりするのは、「あなたの話はよく分かります」あるいは「おっしゃるとおりです」という相槌を打っているのだ。しかし、これは話の内容を受け止めるよりも、その社交性を誇示する方に力が注がれている。従って、話の本質を完全にとらえることができない。

・話の途中で席を立ってしまうのは、臆病者か、あるいは自分に思い当たるところがあってそこをグサリとさされたので、いたたまれなくなった証拠だ。

フロイト顔負けの鋭い人間洞察力である。

信玄はしかし、

「だからといって、臆病者や注意力が散漫な者をそのまま見捨ててはいけない。それぞれ欠点があっても逆に長所もある。長所を活かして別な面に振り向ければ、その人間の使い道が必ずあるはずだ。こいつはだめだというような決めつけ方が一番いけない」

といっている。この、「どんな人間にも必ずひとつは見所がある」という態度が、部下がかれに対して、

「この大将のためなら、川中島で戦死してもいい」

と思う忠誠心を生んだに違いない。

「百点満点の人間を採用するな」

話の聞き方に四通りの反応を示す若者たちの使い方について、信玄は次のようにいう。

・人の話をうわの空で聞いている者は、そのまま放っておけばいい部下も持てないし、また意見をする者も出ない。一所懸命忠義を尽くしてもそれに応えてくれないし、また意見をしても身にしみてきかないからだ。従ってこういう人間に対しては、面《おもて》を犯して直言するような者を脇につけることが必要だ。そうすれば、本人も自分の欠点に気づき、自ら改め、一角《ひとかど》の武士に育つはずだ。

・二番目のうつむいて人の話を身にしみて聞く者は、そのまま放っておいても立派な武士に育つ。こういう人間の存在を、一番目の人の話を身にしみて聞かない者

に教えてやることも大事だろう。

・三番目の、あなたの話はよく分かります、おっしゃるとおりですという反応を示す者は、将来外交の仕事に向いている。調略の任務を与えれば、必ず成功するに違いない。ただ、小利口なので仕事に成功するとすぐいい気になる欠点がある。そうなると、権威高くなって人に憎まれる可能性があるのでこのへんは注意しなければならない。

・四番目の席を立つ者は、臆病か、あるいは心にやましいところがあるものだから、育てる者はその人間が素直にその欠点を自ら告白して、気が楽になるようにしてやらなければならない。そうすることによって、その人間も自分が気にしていることを払拭し、改めて奮い立つに違いない。こういう者に対しては、責めるよりもむしろ温かく包んでやることが必要だ。

こういうように、

「どんな人間にも必ず見所がある」

とする信玄は、新しい人間を召し抱える時にも、

「百点満点の完全な人間を採用するな。人間は少し欠点があった方がいい」

と命じた。また、

「武士で、百人中九十九人に褒められるような人間はろくなやつではない。それは軽薄な者か、小利口な者か、あるいは腹黒い者である」

といい切っている。

武田信玄は子供のころ父に憎まれた。父は弟の方を可愛がった。

「ゆくゆくは、信玄よりも弟の方を自分の跡継ぎにしよう」

と考えていた。信玄は子供のころは道化を装ったという。子供心にもそれが自分の身を守る唯一の処世術だと考えたのだ。それだけに、振り返ってみれば、

「なぜ、おれはあの時あんな卑しいことをしたのだろう」

あるいは、

「あの時、自分は心にもないことをして父の機嫌をとった。本当に醜い心の持ち主だ」

などと、思い出すたびに身悶えをする。そういう反省と自己嫌悪の経験があるから、武田信玄は人間をみる目が鋭かった。

かれは自分が嫌な体験をしただけに、

「いまの若い者にそういう経験をさせたくないし、またそういう世間智を教えこむ

大人の知恵を退《しりぞ》けたい」

と考えていた。そうするためには、

「どんなに欠点がある人間にも、必ずひとつくらいいいところがあるということを本人並びに周りに知らせることが大切だ。それが指導者の役割だ」

と考えていた。このかれの、

・欠点があるからといって、決してその人間を見限らない。

・小さな過ちをとらえて、おまえはもうだめだというような決めつけはしない。

という人の育て方は実に見事である。

日本で最初のフレックスタイムを導入したのもかれだった。かれはつねにこんなことをいっている。

「朝出勤する時に、家庭内で何かもめ事があって解決しないままに城に出てくれば、一日中その人間は仕事に身が入らない。クヨクヨと考えて手がおろそかになる。機械を扱う場合には怪我をする。危険だ。であれば、その悩み事をまず解決することの方が先だ。そのことによって、もし出勤が遅れるのならば昼からでもよい、あるいは夜からでもよい。城の仕事場に悩み事を持ち込まないように、まず個人的な悩みを解決することの方が先だ」

現在のトップでも、なかなかこういうことはやりたくてもやれないだろう。猫の手も借りたいほど忙しい時に、

「実は家庭内にこういう悩み事があるので、それを先に解決したいと思います。出勤は昼からにさせてください」

などという社員がいれば、

「この忙しい時に何を贅沢なことをいっているのだ？　仕事と家庭とどっちが大事なのだ」

と怒鳴りつける上役もたくさんいることだろう。状況が違う、時代が違うといえばそれまでだが、戦国時代も決して暇ではない。まして武田信玄は、前に書いたように平地の少ない山ばかりの土地で国を経営していたのだから、現在の企業環境とそれほど変わっているとは思えない。

しかしそういう状況だからこそ、信玄は、

「人は城　人は石垣　人は堀」

といったのだ。

「貧しいこの国で、手持ちの資源で最も可能性を持っているのは人間なのだ」

という考え方である。

臆病者を活用した例に岩間大蔵左衛門《いわまおおくらざえもん》の話がある。岩間は、信玄のたとえ話によれば、

「合戦の話をすると、臆病なために途中で席を立ってしまう」

という話の聞き方をする男だった。合戦を嫌った。

「合戦に行くと死ぬかもしれない。いやだ」

という。周りが怒って、

「この臆病者め！」

といってむりやり馬に乗せると、わざと馬からころがり落ちて地面の上でバタバタ足を上げながらわめく。まるで駄々っ子のようだ。こういうことが続いたので重役が信玄にいった。

「岩間は役に立ちません。また他の者の迷惑になります。クビにしましょう」

しかし信玄は首を横に振った。

小心者のやる気を鼓舞する術

「そう簡単に決めつけるな。岩間には岩間の使い方がある」

そういって岩間を呼んだ。岩間は、自分が臆病者なのでクビにされると思ってビクビクしながらやってきた。

「何かご用でございましょうか？」

「オレたちはまた合戦に出掛ける。そこでおまえに特別な仕事を与える」

「特別な仕事？」

岩間は警戒して信玄をみつめた。おまえのような臆病者は役に立たないから、今日限りクビだといわれると思っていた。信玄はうなずいた。

「そうだ。おまえに館の留守番を命ずる。館の留守役も非常に大切な仕事だ。特別な仕事というのは、われわれが合戦に行っている間に、館の内外を歩き回って、残った武士や農民、町人の武田家に対する噂をそっと聞きこんでもらいたい。オレは始終合戦で館の外に出ているので、そういう細かい声が耳に入ってこない。おまえは細かく神経が行き届いているから、そういう仕事に向いている。オレが帰ってくるまでに、そういう〝かくし目付《めつけ》（監視役）〟を命ずる」

岩間は喜んだ。こころの中で、

（この大将は、自分の性格をよく見抜いていらっしゃる）

と感動した。

岩間にしても、武田信玄がつねづね、

「自分の話の聞き方によって、その人間が役に立つ武士か役に立たない武士かを見分けることができる」

といっていることを知っていた。武田信玄の分類によれば、話の聞き方には四通りあった。

そして、

「話の途中で席を立ってしまうような者は、臆病者か、自分に何か思い当たることがあって、その席に居たたまれないためだ」

といっていることを知っていた。

そのモノサシをあてはめれば、岩間大蔵左衛門はまさしく臆病者である。武田信玄の言葉を聞いて以来、岩間は毎日居ても立ってもいられなくなった。いつ、大将が自分を臆病者と名指しでクビにするか分からなかったからである。周りの者もからかった。

「岩間、おまえは信玄公のモノサシによれば臆病者だ。必ずクビになるぞ」

そういわれると岩間はますます小さく縮み上がってしまう。このごろでは夜も眠れなかった。

そして突然の信玄からの呼び出しである。

（いよいよクビだ）

岩間は覚悟した。

ところが案に相違して、大将の信玄がいったのは、

「おまえの細かい気配りの性格を活用して、館の留守居とかくし目付を命ずる」

ということだった。岩間はにわかに希望を持った。

（オレのような臆病者でも、大将のお役に立つことができるのだ）

という自信が湧いたからである。

武田信玄を先頭に軍団が出陣していった日、岩間大蔵左衛門は門の前で目を輝かせて軍団を見送った。胸の中には新しい勇気が湧いていていた。

（よし、やるぞ！）

と、いままで味わったことのない〝モラール（やる気）〟が炎のように燃え上がっていた。

欠点が長所となりうるとき

武田信玄が合戦に出掛けていた留守の間に、岩間大蔵左衛門はいままでとは全く違った活躍ぶりを示した。かれは精力的に国の中を歩きまわり、武田家に対するいろいろな噂を聞いた。いい噂もあれば悪い噂もあった。しかし全体に、

「武田信玄公は本当はご病気なのだ。それにもかかわらず、この国に住む人々の豊かな生活を願って、無理をされて合戦にお出掛けになっている。ありがたいことだ」

という評判が高かった。岩間は自分のことのようにうれしかった。

館の中にも、もちろん不平や不満はあった。が、それらの不平や不満の多くは、

「自分たちも合戦に行きたい」

というものだった。留守番を命ぜられたことが物足りなかったのである。岩間は恥じた。

（自分は臆病者で、合戦に行けなかったことを喜んでいる。それに比べたら、ほか

の連中の不平や不満は実に勇気があってうらやましいくらいだ。自分も少しずつあ
あいう勇気を身につけなければいけない）
と考えた。岩間がつぎにやったことは、信玄にいいつけられたことではなかった
が、館の清掃や破損箇所の修理であった。かれは留守居役という全権を委任されて
いたので、留守にまわった連中の指揮権を与えられていた。そこでこれらの連中を
追い立てて、
「館の中をきれいに清掃しろ。壊れているところを発見したらそのままにしておか
ないで、修理する才覚を働かせろ」
と命じた。
みんなは顔を見合わせた。
「岩間さんは、いったいどうしちゃったんだ？」
「いつもビクビクとピーピー悲鳴をあげていた岩間さんが、留守居役を命ぜられた
ら見違えるように立派になった」
「われわれへの指示も的確だ」
と噂し合った。

合戦がすんで武田信玄が戻ってきた。館に入ってびっくりした。館の中が見違えるようにきれいになっていたからである。壊れていたところも全部修復されていた。

信玄は岩間を呼び出した。

「岩間、これはおまえがやったのか？」

「いいえ、わたしではありません。留守を命ぜられた者が一致協力しておこなったことでございます」

「ほう、そうか」

信玄はニコニコ笑いながら岩間をみつめた。胸の中で、

（岩間も立派になった。普通なら自分がやりましたと自慢をするところなのに、留守の者全員がやったといっている。見上げたものだ）

と感じたからである。

岩間大蔵左衛門は留守中に聞きこんだことを信玄に全部報告した。普通なら、合戦から戻って疲れているのだから、信玄が聞きたくないことはいわないはずだ。いい評判だけを伝える。

ところが岩間はそんなことはしなかった。いいことも悪いことも細大もらさず隠

さずに告げた。

信玄は黙って聞いていた。聞き終わると、

「ありがとう。おまえは立派に役割を果たした。これからもオレが合戦に出るときは留守居役として活躍してもらいたい」

といった。岩間は思わず涙ぐんで、はっと平伏した。

「自分の話の聞き方からすれば、岩間大蔵左衛門は臆病者の範囲に入る」

と区別した信玄は、しかしだからといって臆病者を見放すようなことはしなかった。

「臆病者は気持ちが細かい。そういう者に向いた仕事があるはずだ」

と、臆病者の活用方法をちゃんと知っていたのである。岩間大蔵左衛門はその期待に応えた。岩間自身も、

（オレは臆病者だ。しかし臆病ということは必ずしも悪いことではない。物事に対して慎重に細かく気配りをすることができる。信玄様はそれを見抜いて活用してくださったのだ）

と恩を感じた。武田信玄の人使いのうまさは、こういうように、

「性格がどんなものであっても、必ず役立つ才能がある」
ということであった。

気の荒い人間をどう扱うか

武田軍団には乱暴者も多かった。戦国時代には学問など必要ない、必要なのは武術と勇気だけだ、それさえあればほかのものは必要ないと考えるがむしゃら武士がたくさんいた。武田信玄は、勇猛な武将であると同時に、きめの細かい管理者でもあったから、こんながむしゃら武士だけでは軍団の運営ができないとつねづね感じていた。

現在でも山梨県にいくと、竜王町などに〝信玄堤〟と呼ばれる築堤《ちくてい》がある。これは信玄が造ったもので、そのことは取りも直さず武田信玄が、あばれ川の治水工事にもすぐれた技術を持っていたことを示す。信玄は合戦に強かっただけではない。国内管理にもいろいろな知識や技術を持っていた。第一次産業がその国の富の源である戦国時代にあっては、やはり治山治水は欠くことができない。とくに甲斐国にはあばれ川がたくさんあって、雨期にはしばしば洪水を起こす。従って、川をどう鎮めるかは、その国の管理者の責任であった。

信玄はある時、がむしゃら武士をたくさん連れて、あばれ川の岸に行った。ちょうど雨期が去った直後で、川はどうどうと音を立てて辺りを水浸しにしながら流れていた。川の岸に立った信玄は、がむしゃら武士たちに聞いた。

「川にも生命がある。川は生きている。だから川にも意思がある。しかし、その意思で勝手気ままに流れられては、人間が迷惑する。この川を鎮めよう。どうしたらいいかな？」

そう聞いた。がむしゃら武士のひとりがこんなことをいった。

「この川が勝手気ままに流れているのは、流れを妨げるものがないからです。妨げるものをつくったらどうでしょう」

「妨げるものをつくるとはどういうことだ？」

「まず、この川の力を削ぐために、流れを変えてあそこにある大きな岩にぶつけたらどうでしょうか。岩に当たれば川の力も相当削がれるはずです」

「なるほど、おもしろい考えだな」

信玄は感心したふりをした。信玄の胸の中には、初めからそういう考えがあったからである。しかしそれをリーダーの自分がいい出さずに、部下から聞き出すということが今日のねらいだった。信玄は即座にそのがむしゃら武士の案を採用した。全員を工事に参加させ、川の流れを変えた。川が前方の大きな岩にぶつかるようにした。岩はビクともしない。川が激しい勢いでぶつかっても、逆にはねかえすような姿勢を示した。

そのため川は大きく力を削がれ、流れを変えた。信玄は満足した。しかしだからといってあばれ川の勢いが完全に消えたわけではなかった。川はまだまだ勢いが強く、岩にせき止められた流れは今度は違う方角に向かってどうどうと音を立てて流れていた。この分だとまた下流で洪水が起こる。そこで信玄は聞いた。

「川は岩に妨げられて多少勢いが消えた。しかしまだまだ相当に力を持っている。今度はどうしたらいいか?」

〝考える部下〟に育てるリーダーシップ

違うがむしゃら武士がこんなことをいった。

「川の底に阻害物をつくったらどうでしょうか?」

「どういうことだ？」

「川の流れに逆らうような爪を立てるのです」

「爪を立てる？」

聞き返す信玄にがむしゃら武士はうなずいた。かれの案によれば、石を削って爪のように川の底にたくさん並べたらどうだろうか、ということである。信玄は感心した。

「おもしろいことを考えるものだな。やってみよう」

部下が案を出すと信玄は頭の中で終わらせることは決してしなかった。必ず実行させた。

「実行してみなければ、その案がいい案か悪い案か判断できない」

という実証主義を持っていた。その武士の案を実行させた。急遽つくられた爪状の石の群れが川の底に並べられた。武士の予測は当たった。川の勢いはかなり減らされた。が、まだまだ水勢は強い。信玄はいった。

「川はまだへこたれないぞ。どうだといわんばかりに頑張っている。オレたちも負けてはいられない。他にやることはないか？」

すると別のがむしゃら武士がこんなことをいった。

「いっそのこと川を二つに引き裂いたらどうでしょうか?」

「川を引き裂く?」

「はい。分流させるのです」

信玄はおもしろいとうなずいた。

「どうやって川を引き裂くのだ?」

「石で大きな将棋をつくったらどうでしょうか。将棋の先端は鋭い角度を持っていますから、水はこれによって二つに分かれるでしょう」

「石の将棋か、なるほどおもしろいな」

信玄はさっそく実行させた。大きな石を用意して将棋型に削らせた。これを川の底に沈めると、先の尖った部分で確かに水流は二つに分かれた。勢いは二分の一に減じられた。川の力はここでもまた大きく減少させられた。

工事を続けているうちに、がむしゃら武士たちはしだいに悟った。

「信玄様がなさっているのは川を鎮めるためだけではないぞ。オレたちの性格を直すおつもりなのだ」

「オレもそう思う。オレたちがむしゃら武士をあばれ川にたとえておいでなのだ。だから一人ひとりのがむしゃら武士をまず岩にぶつけ、爪を立てた石によって勢いを削り、さらに二つに引き裂いて力を弱めるということは、われわれ自身の性格の改革を狙っておいでなのだ」

「それに違いない。われわれも少し考え直さなければいけないな」

と話し合った。

そのとおりだった。信玄の狙いはまさにこれらがむしゃら武士たちの自覚を促すことにあった。がむしゃら武士たちの性格が次第に変わってきた。いままでは何が何でも猪突していた連中が、その前に考え、慎重になってきた。つまり、

「自分がおかれた状況の中で、これを解決するために一番いい方法は何か」

という選択肢を用意するようになったのである。さらに、その中から一番いいものを選び取るという判断力を身につけはじめた。

領内を流れるあばれ川を人間に見立てながら、その改造案をそれぞれに出させながら実行していく信玄のリーダーシップは、がむしゃら武士たちを、やがて〝考える武士〟に仕立てていったのである。

3　部下の可能性を引き出す技術

〝人づくり〟の名人といわれた男

戦国時代の武将の中で、〝人育て〟〝人づくり〟の名人といわれた人物に、加藤清正がいる。加藤清正は豊臣秀吉の親戚で、秀吉に可愛がられた。そのために、徳川家康に仕えた後も始終、

「あの男はいつか徳川家に復讐をするのではないか」

と疑われていた。

清正は利口な人間だったのでうまく切り抜けたが、その子忠広《ただひろ》の時に因縁をつけられて家を潰されてしまった。加藤家が潰された時、全国の大名は争って加藤家の優秀な部下を求めた。高い給与を出して自分の家来にした。しかしこれは二代目の忠広が人育ての名人だったからではない。すべて先代の清正が育てた部下群だった。

それほど清正の人育ては見事だった。

こんな話がある。

加藤清正が名将だという噂を聞いて、多くの浪人たちが再就職先として加藤家を選んだ。清正は、

「きたるを拒まず、去る者を追わず」

という方針を持っていたので、

「加藤家に仕えたい」

という人間は、重役たちに面接をさせて採否を決めた。ある時、三人の武士が熊本（清正の城のある所）にやってきた。老人と中年者と若者である。重役たちが面接した。それぞれに、

「なぜ加藤家に再就職したいのか？」

と聞いた。

老人はこう答えた。

「わたくしはいままで多くの戦場を渡り歩いてきました。太平になっても、武士は不測の事態が起こった時に備えなければなりません。いまの若者はしだいに合戦の

経験がなくなっておりますので、ひとつ加藤家で茶飲み話にわたくしの体験談を語らせていただければと思っております」

重役たちは顔をみあわせた。みんな、

(ずいぶん勝手なことをいう老人だ)

と感じた。

中年者はこう答えた。

「世の中が太平だといっても、いつまた戦乱が起こるか分かりません。いままでわたくしも多くの合戦場を駆けめぐりましたが、主人が愚かでわたくしの功績を正当に評価してくれませんでした。加藤清正公ならおそらくわたくしの能力を正しく評価してくださる大将だと存じて、再就職をお願いしに参りました」

立身欲満々だった。

最後の若者はみるからに才幹に満ちあふれ、重役たちの聞くことにもテキパキと答えた。重役たちは、互いに眼で、

(採用するのなら、この若者だ)

と感じた。

いまいる部下が育たないのはなぜか

一応三人を待たせて、重役たちは別室に移った。清正が待っていた。

「どうだ？」

そう聞く清正に、重役たちはこもごも自分たちの感じたことを話した。

「老人はこの熊本城に茶飲み話をしにきたといっております。勝手なやつです。あんな老人は採用しない方がいいでしょう」

「中年者は、この太平の世の中にまだいつか合戦が起こるに違いない、その時は奮戦して清正様のお目に止まりたい。清正様なら必ず自分の功績を正当に評価してくれるでしょうなどといっております。すでに不惑の歳を越えているにもかかわらず、いまだに惑っております。あんなふうに人間のできていない輩など、当家には不要です。これも不採用にした方がいいと思います」

「若者は優秀です。われわれの聞くことにもすべて正しい答えを出しました。若者には将来があります。ぜひ、あの若者をご採用ください」

黙って聞いていた清正は、やがてニッコリ笑うと首を横に振った。そしてこういった。

「老人と中年者は採用する。若者は採用しない」

重役たちはびっくりした。自分たちの判断と全く逆な決定を清正が下したからである。

「なぜでございますか？」

重役たちは揃って聞いた。明らかに不満の色が顔にありありと浮かび出ていた。清正は答えた。

「老人の宝物は経験だ。シワとシワの間にその宝物がいっぱい詰まっている。茶飲み話をしたいというのは、おそらくその経験談をこれからの世代に活かしてもらいたいということだ。老人が茶飲み話というのは遜《へりくだ》ったいい方だ。相当な自信があるに違いない。そういう話はわたしにも役立つ。ぜひ聞きたい」

重役たちは顔をみあわせた。清正は続けた。

「中年者を採用しろというのは、その中年者にはいまだに向上心があるからだ。たしかにいまは太平の世だ。が、いつ何が起こるか分からない。しかしわたしがその中年者を採用しろというのは、不測の事態が起こった時のことを考えているわけではない。平和な時にも、そういう向上心を持つ中年者がこの城に入ることは、城内の中年者の刺激になる。

いま城内にいる中年者は、おまえたちがさっきいった〝不惑〟という言葉に惑わされて、何でも穏やかに、ことを荒立てないような気風がみなぎりはじめている。これは危険だ。まだそんな歳ではない。中年者もつねに失敗を恐れずに思い切ったことをやるような冒険心に富んでいなければだめだ。

その中年者を熊本城に放りこめば、きっと収まりかえった中年者が少しはバタバタするに違いない。いま熊本城内にいる中年者は、どこか水の底に座り込んでいる魚になっている。魚は水の底に座り込んではならない。いつも泳ぐのが魚の務めだ。水底の魚たちをもう一度つっついて泳がせるためにも、その中年者を採用した方がよい」

加藤清正の論理はユニークだった。重役たちはしだいに、なるほどと思いはじめた。

しかし、優秀な若者を採用しないというのは納得できない。その理由を清正はこう説明した。

「その若者が優秀だということはよく分かる。しかし、他からきた若者を優秀だ、優秀だといえば、いま熊本城にいる若者たちはみんなぼんくらで、役に立たないということになってしまう。それではうちの若者たちがかわいそうだ。若者は未知数だ。たくさんの可能性を秘めている。それを引き出すのがわれわれの役割だ。それを怠って、いきなりうちの若者はだめだと決めつけるのは早計だ。おまえたちがその若者を採用したいという気持ちはよく分かるが、わたしはうちの若者をもっと育てることの方が先だと思う。かわいそうだが若者は断われ」

聞いた重役たちは頭を垂れた。清正の部下思いの気持ちがよく分かったからである。このことが洩れた。熊本城の若者たちは奮起した。

「うちの大将は、われわれを庇《かば》ってくださった。ご恩に応えなければならない。考えてみればわれわれも少し手抜きをしていたところがある。これからは目一杯力を発揮して殿様のお言葉に応えよう」

そういう声が起こった。熊本城内の若者たちはみんな賛成した。

価値が多様化した時代のリーダーの役割

若者が奮起しただけではなかった。採用した老人と中年者もすばらしい効果を上げた。

老人は確かに経験豊富で何でも知っていた。

清正の配慮で城の一画に老人の部屋が設けられた。清正は重役を通じ全藩士に、

「仕事のことでも私ごとでも、相談ごとがあったら何でもこの老人に話すように」

と命じた。初めのうちは老人は茶ばかり飲んでいた。誰も訪れないからである。

そのうちに物好きがやってきた。

「ご老人、実はわたしはいまこういうことで悩んでいるのですが、何かいいお知恵がありますか？」

と聞いた。からかい半分だった。

（ご主人の清正様はこんな茶飲み老人を採用したが、本当に役立つのだろうか？ひとつ試してやれ）

といった軽い気持ちで訪れたのだ。ところが老人は真面目に問いかけを受け止め、

「それはこうしたほうがいいと思うよ」

と答えた。

その答の内容が質問者の意表を突くようなすばらしいものだったので、質問者は

驚いた。初めはからかい半分だったのが、答を聞き終わったあとは尊敬の色が表情に出ていた。

自分の席に戻ると、質問者はこのことを吹聴した。口コミで老人の知恵が伝わり、それからあとは次々と老人を訪れる者が増えた。

いかに主人の加藤清正が部下に対して愛情を持ち、すぐれた武将であっても、やはり大きな組織なのでいろいろと問題があった。とくに中間管理職は悩みを抱えていた。時代がどんどん変わっていたからである。昔のようにはいかない。昔だったら、合戦にのぞんで先頭に立ち、

「オレに続け！」

と、真っ先に突入していけば部下は後ろからついてきた。

ところがいまはそうはいかなかった。時代が平和になり、人間の価値観が変わった。

たとえば五人の部下を持つリーダーが、

「この指とまれ」

といって、指を出しても五人は昔のようには飛びつかない。昔なら黙ってみんな

が指にとまった。が、いまは最初からとまるのはせいぜいひとりだ。二人目は、

「その指にとまると何かいいことがあるのですか？」

と聞く。三人目は、

「なぜ、その指にとまらなければいけないのですか？」

と聞く。四人目は、口には出さないが、

（誰と誰がとまるか見定めてから、自分の態度を決めよう）

と考えている。五人目は、

（バカバカしい。だれがあんな指にとまるものか）

と反抗する姿勢を示している。五人五様になってしまった。実にやりにくい。

「価値が多様化した職場では、リーダーというのは実に難しい仕事だ」

熊本城内のリーダーがみんなそう思っている。そういう悩みを老人のところに持ってきた。老人はひとつひとつていねいに耳を傾け、

「それはこうしたほうがいい」

と明快な答をくれた。自分の経験にない問いかけには、

「かつて誰々はそういう時にこういうふうに対応した」

と、他人の例を挙げる。話題が実に豊かでまた数々の事例を知っていた。聞きにいった者はみんな助かった。

「なるほど、そういう解決方法がありましたな」

と感心して戻ってくる。このことが口コミで伝わって、老人の存在はいよいよ意義あるものに高まっていった。

「ご判断が正しゅうございましたな」

噂を聞いて重役陣は清正にそういった。清正は笑って、

「それはよかった」

とうなずいた。

「どうだ？　オレのいった通りだろう」

などと清正はいばらなかった。あくまでも謙虚だった。

消えかかった炎を、燃え上がらせるには

中年者は中年者で活躍した。かれはマメに熊本城内を歩き回った。そしてやる気を失い沈滞した職場を発見すると、そこに座り込む。

「どうしてこの職場はこんなに暗いのかな？」

とつぶやく。管理職はムッとした表情で、

（よそ者が何をいうか。大きなお世話だ）

という表情をする。しかし部下の方を見ると、何かいいたそうな顔をしている。

中年者は、

（この職場には問題がある）

と感づく。が、かれは露骨にそのことを口に出さずにブツブツひとりごとをいう。

「オレが前に勤めていた大名家では、こんなことがあって職場が非常に暗くなった。その時オレは、その暗さを払いのけるためにこんなことをやってみた。案外効果があったものだ…」

つぶやきをみんなが耳を立てて聞いている。部下は上役の顔をみる。上役は部下の顔をみる。目と目で話をする。

（いわれてみれば、うちの職場にもそんな問題があるな）

（そうですよ。この人のいうように、もう一度努力してみようではありませんか）

そんなことで合意する。中年者はその気配をかぎ取るとサッと立ち上がり、

「お邪魔したな」

といって去る。中年者が去ったあとの職場は急に活気づく。管理職が、

「おい、ちょっとみんな集まれ」

と命ずる。そして、

「いまの中年者の意見は非常に参考になった。この職場が急に暗くなったのには、やはりオレのやり方にまずかったところがあるからだ。謝る。しかしおまえたちの方にも悪い点があるぞ。もう少しこういうところはこういうふうにしてもらえないかな」

と持ちかける。

部下たちも、

「分かりました。悪いのはあなただけではありません。われわれの方もちょっと気づかいが足りませんでした。お互いに直しましょう」

と、合意する。

老人が与えられた部屋で相談ごとを引き受けるとすれば、中年者は積極的に自分の方から歩き回って職場に漂う病巣を発見し、これに的確な治療方法を話す。これ

が評判になった。熊本城内は次第に活性化した。

いってみれば、老人と中年者は現代でいう組織内の〝オンブズマン（監視役）〟になったのだ。

それにしても、なぜそうなりえたかといえば、二人ともよそ者だったからである。熊本城にずっと勤めていた人間には、とてもいえないこと、やれないことを平気でかれらはズケズケといったりやったりする。

これが非常に効果を生んだ。

とくに中年者は、自分のいうことをグズグズしていてなかなか受けつけない管理職がいると、

「この城の中で、中年者はいったい何をやっているのだ？　わたしがあなた方の年のころはこういうはりきり方をしていたぞ」

などとハッパをかける。さらに、

「人間が向上心を失ったらおしまいだ。出世したい、人の役に立ちたいという気持ちを常に持ち続けることが大切だ。それにはいつも情報を集め、好奇心を持つことが必要だ。好奇心と情熱さえあれば、多少の失敗があってもそれを吹き飛ばして、

さらに新しい道が発見できる。

この城の中の中年者はどうもやる気がない。だから若い者にバカにされるのだ。しっかりしろ」

とおそろしい勢いでまくしたてる。もちろんそんなことをいわれて、熊本城にずっと勤めてきた中年者が黙っているはずがない。

「よそ者が何をいうか！」

と反発する。

ところが人間というのは、人によっていうことが許されたり許されなかったりする。

つまり、

「この男のいうことならしかたがない」

という〝なら〟という気持ちがあるかないかによって反応が違う。

どんなに立派なことをいっても、相手に対する敬愛の念がなければ、何をいってもダメだ。

「口先だけだ。こんな奴のいうことなんかとても真に受けることはできない」

という。

この老人と中年者には不思議な愛敬があった。魅力だ。同時にいまでいう一種のカリスマ性があった。会っていると引き込まれる。ガンガンまくしたてられているうちに、怒鳴られている方も、

（なるほどな、われわれにもまだ未開発の能力があるのかもしれないな）

と思うようになる。

中年者の役割は、各職場の消えかかっていた火を吹き立てて、ぼうぼうと燃やすことだった。老人は燃やすための燃料を提供した。

重役たちはいまさらながら加藤清正の見識に驚いた。

「うちのご主人はたいしたものだ。何もかも見抜いておられる。あの時、われわれは老人と中年者の採用に反対したが、しかしご主人のおっしゃることが正しかった。優秀な若者を採用しなくてよかった。再就職者の中にはこの老人と中年者のように、まだまだ役に立つ人物がいるのだ。われわれももっと謙虚に人間をみなければならない」

と反省したのだった。

4　身をもって範を示す

「どうも若い連中は扱いにくい」

人を育てる時に一番むずかしいのは、育てられる側が、

「自分をどう評価しているか」

ということである。得てして若い人たちとつき合っていると、この、

「自分で自分にくだす評価」

つまり育てられる側の自己評価と、

「育てる側の評価」

とが食い違うことが多い。しかし、自分に自信を持っている若い人は、こういう

食い違いを発見すると、

「育てる側が間違っている」

と思う場合が多い。

しかしこのことは、いってみれば見解の相違であってお互いに生きていく上での価値観の差なのだから簡単にはいかない面が多々ある。だからといって、若い人の持っている「自分で自分に抱いている評価」を全面的に正しいとすることができない場合もある。

組織の秩序とかルールとか、仕事のやり方とか、生き方の問題など先人が経験からいろいろと積み重ねてきたものがある場合には、よけいそうなる。

とくに現在は、「価値観の多元化」といわれ、極端にいえば人間一人ひとりが自分の価値観すなわちモノサシを持って生きているから、これがしっかり合わないとどうしてもぎくしゃくする。

気の短いリーダーは、

「どうも若い連中は扱いにくい」

と悲鳴を上げる。

それではそんな時にどうしたらいいのだろうか。

自分を過信する部下に対しては……

蒲生氏郷《がもううじさと》は戦国時代の武将で、織田信長のお婿さんだった。経営感覚が発達していただけでなく、若い時から〝人育ての名人〟といわれていた。

織田信長が見込んだだけあって蒲生氏郷は若い時からなかなか人間通だった。そのため、かれはおべんちゃらやお世辞ばかりいっている、いわゆる、

「口先だけの人間」

を非常に嫌った。こんな話がある。

ある時かれに仕える重役が、

「現場に玉川というなかなか優秀な部下がおります。お側に置いてお使いになったらいかがでしょう?」

とすすめた。

氏郷は、

「いいだろう」

といって、玉川を自分の側で使うことにした。玉川は重役がすすめた通りなかなか機転がきき、優秀だった。

しかし一ヵ月ばかりたつと氏郷は重役を呼んだ。

「おまえがすすめてくれた玉川はもう一度現場に戻す」

重役はびっくりした。

「玉川に何か不都合がございましたか」

「いや、仕事の上では問題はない。才覚があってよくできる。が、かれには少し口先だけの面がある。わたしと話をする時に、わたしの好きな人間に対してはメチャクチャにほめたたえるが、わたしが嫌いだと思っている人間に対してはメチャクチャに悪口をいう。それでは秘書はダメだ。秘書というのは自分の判断を抑えて、世間でいっていることをありのままに伝えるのが役目だ。そうしなければ、わたしも堕落してしまう。玉川は優秀だが少し言葉が先行していて実《じつ》がない。だからもう一度現場に戻して、修業させた方がいい。少なくともわたしの秘書には向かない」

そう告げた。重役は考え込んだ。

しかし、

「それは申し訳ございませんでした」

と謝って玉川にそのことを告げた。玉川は怒った。

「わたしのどこがお気にいらないんですか？」

玉川にすれば、現場にいた時も一所懸命仕事をしたので、認められて氏郷の秘書に抜擢されたと思いこんでいた。

玉川は玉川なりに、自分の能力を自分で評価し、目一杯働いてきたのである。何につけても、

「氏郷様のために」

という考えを抱いてきた。ところが氏郷の方は、そういう玉川に対し評価をしてくれない。

しないどころでなく、

「言葉が過ぎて実がない」

などときびしいことをいう。玉川は氏郷を恨んだ。自分を推薦してくれた重役に、

「氏郷様は人育ての名人だと伺いましたが、違うと思います。わたしの能力を認めないような方は、こっちでも御免をこうむります。現場へ戻ります」

と憎まれ口をきいて秘書室から去った。重役は玉川のいったことをそのまま氏郷に報告した。氏郷は苦笑した。

そして、

「しかたがあるまい。玉川にはまだ自分の本当の姿が分かっていないのだ。かれは自分自身を少し過信している」

といった。

普通のリーダーだったら、ここで終わりだ。つまり自分の期待通りではなかった部下を飛ばしてしまえばそれで終わりである。

しかし氏郷が、

「人育ての名人」

といわれたのは、かれがこういう場合にそのままに済まさなかったことである。いってみればアフターケアをきちんとしたことだ。玉川という若者に対しても、氏郷は別な角度からアフターケアをした。

トップが先頭に立ってなすべきこと

蒲生氏郷の部下に西村という武士がいた。なかなか勇ましい武士だったがしばしば軍法を破った。例えば、

「今度の合戦は組織でおこなう戦争なのだから、個人が勝手に飛び出してはならない」

といった時に、西村は、

「そんなことはタテマエだ。本音は、うちの大将は部下の個人個人が手柄を立てることを望んでおられる」

と勝手に解釈した。これもまた、西村が蒲生氏郷の気持ちを深読みしているようで、実は浅読みしていたのだ。

氏郷が、

「今度の合戦は集団でおこなうのだから、個人の突出は許さない」

といったのには、かれの主人である織田信長や豊臣秀吉が、しだいに、

「個人の戦争から集団の戦争へ」と、戦争の形を変え始めていたからである。

いまの言葉を使えば、仕事は組織でおこなうのだから、〝チームワーク〟を大事にしろということだ。その中で、能力のある人間が能力があるからといって勝手なことをすればチームワークが乱れてしまう。信長や秀吉が何よりも禁じたのは個人のスタンドプレーである。

ところが西村はまだそういうことがよく分かっていなかった。彼はたしかに能力のある武士である。いままでも個人レベルで数々の手柄を立てた。だから今度の合戦についてもいくら氏郷が、

「個人プレーは許さない」

といってても本気にしなかった。だから西村は個人プレーをおこなった。確かに西村の働きは敵を悩ませた。しかし氏郷は怒った。西村を呼び、

「おまえはわたしが決めた軍法に違反した。追放する」

といって追い出してしまった。西村は不満だった。

「オレがあれだけ手柄を立てたから殿様だって名をあげたじゃないか。それなのになぜオレを追放するのだ。うちの殿様はバカ殿様だ」

と悪口をいいながらあっちこっちを歩きまわった。やがて年月がたって重役がとりなした。

「長年の浪人生活で西村も懲りたことでございましょう。そろそろ呼び戻してはいかがでしょうか」

ちょうど同じことを考えていたので氏郷は、

「よかろう、呼び戻してくれ」

と命じた。西村が戻ってきた。

しかし、あまり自分の考えを改めた様子はない。

「オレのどこが悪いんだ？」

というような大きな態度をしていた。氏郷は心の中でニヤリと笑った。

（この男はあいかわらずだな）

と思った。そこで西村に、

「どうだ？　長い浪人生活で体が弱ったろう。昔のようにオレを相撲で負かせることができるか？」

とからかった。

西村はムキになって、

「浪人生活をしている間も、体はずっと鍛えております。まだまだ殿様には負けません」

「そうか。では一番相撲を取ろう」

そういって氏郷は庭に降りた。重役たちが西村にそっとささやいた。

「昔のように、殿様を投げ飛ばすのではないぞ。負けろ。そうしないとおまえは蒲生家に戻れない」

と注意した。西村は重役をにらみつけた。その目は、

(何をバカなことをいっているのだ？　オレはわざと負けるようないいかげんな相撲は取らないぞ)

と告げていた。

重役たちはハラハラした。もし昔のように西村が氏郷を投げ飛ばしたら、氏郷は機嫌を悪くし、

「おまえはまた追放だ」

といいかねないと思ったからである。相撲が始まった。両方とも頑張る。しかし、やはり西村の方が強い。

西村は、

「エイッ」

と大声を上げると、見事な技で氏郷を投げ飛ばした。氏郷は土の上に転がった。重役たちはいっせいに顔色をあおくした。そして、

「西村のバカめ」

と胸の中で叫んだ。

見物人の中には玉川もいた。玉川は自分の才知がすぐれているので、氏郷を投げ飛ばした西村をみて、

「あの男はバカだ」

と思った。そして、

「殿様を投げ飛ばしたのだから、どうせまた追放されるに違いない」

と思った。土を払って立ち上がった氏郷は、

「まいった」

と素直に降参した。そして西村にこういった。

「長い浪人生活にも拘わらず、昔通りわたしを投げ飛ばした根性は立派だ。普通ならもう一度蒲生家に戻りたいためにわざとわたしに負けるようなことをするだろう。しかしおまえはそれをしない。その精神は見上げたものだ。おまえをもう一度蒲生家に呼び戻す。しかし、二度と軍法を破ることは許さんぞ」

きちっと念を押した。西村はハッとし、

「お言葉に従います。呼び戻していただき心からお礼を申し上げます」

とその場に平伏した。

西村は西村なりに、やはり時代の流れからいっても自分の個人プレーは間違っていたと悟っていたのである。

しかし、だからといって相撲を取った時に氏郷にわざと負けるようなことはしなかった。あくまでも自分を貫いた。

この光景をみていた玉川は反省した。

（なるほど。氏郷様はそういうお人だったのだ。自分が間違っていた。氏郷様のお気にいるようにおべんちゃらばかりいった態度はよくない。秘書というのはおべんちゃら役だと思っていた自分が間違っていたのだ）

と、改めて蒲生氏郷の人育ての妙手に舌を巻いた。以後、玉川は現場でも氏郷に対して深い尊敬心を持ったまま、まじめに仕事をするようになった。

2章

参謀たる器《うつわ》とは

◇将の理念を実現させる、才智の働かせ方

1　中間管理者としての秀吉

組織を船に見立てる

一時期外国では「日本式経営」の功罪がいろいろと論議された。たとえばエズラ・ボーゲルは、日本の「組織と帰属する働き手」の問題について、筆者流の解釈によれば、つぎのような考え方を提起した。

・日本の企業組織では、働く人間がトップからヒラに至るまで、自分の属している組織を一艘の船に見立てている。
・したがって、トップは船長であり、働き手はすべて乗組員になる。
・そのため全乗組員が船を自分たちの運命共同体と考えている。帰属意識が強く、この船や船長に対しロイヤリティ（忠誠心）を持っている。
・このことを端的に表しているのが、日本における〝うちの〟という表現だ。うちの会社、うちの社長、うちの部長、うちの課長、うちの社員、うちの従業員等の表現がこれを示す。

・〝うちの〟というのは、乗組員たちが日本独特の家族意識を持って行動するということだ。

エズラ・ボーゲルは、これを日本企業の強みとみた。だからこそ日本の経済はここまで発展したのだといい切った。が、この〝うちの〟意識に対して批判がなかったわけではない。批判はむしろ日本側から湧いた。つまり、若い人たちからすれば、この〝うちの〟意識は、古いということになる。そういう古さに振り回されている自分たちが何か外国に対して気恥かしくなり、同時に現代性を失っているとみた。そのため、極力この〝うちの〟意識を破壊しようという動きが活発になった。

とくに、

「日本の働き手は、組織やトップに対してロイヤリティ（忠誠心）を持っている」

といういわれ方に反発した。忠誠心を持っているということを、まるで江戸時代以前の武士のような存在に自分たちの立場を置き換えたからだろう。

「いまさら社長に対して忠誠心などあるものか。給料をくれているのは社長個人ではなく、会社という組織なのだ」

という意識を前面に出した。

これによって、ロイヤリティだけでなく、組織を運命共同体としての船とみるような〝帰属意識〟まで薄れてしまったといわれる。

これは果たして正しいことなのかどうか疑問だ。自分の属している企業組織を船と見立て、そこに自分の生活を託する気持ちは決して悪いものではなかろう。このへんの解釈や結論の出し方が日本人はつねに短兵急であり短絡すぎる。

同時に、外国からの批判に弱い。

同じことをやっていても、日本人がいい出すと納得しないが、カタカナで逆輸入されるとわれもわれもとすぐ雷同する。こういうことで、日本独特の大切なものがかなり失われている例が多いのだ。

たとえば、「給料は社長個人から貰っているのではない。会社という組織から貰っているのだ」という考え方は、すでに戦国時代でも明智光秀のような人物が持っていた。

戦国時代でも武士のタイプは、夏目漱石が『草枕』という小説でいみじくも分類したように、「知型人間」と、「情型人間」の二つに分かれていた。

知型人間は頭脳の働きによって自分の行動を決める。したがってこういうタイプの人間にとって大切なのは、

「何をやっているか」

であり、同時に、

「何のためにこのことをおこなうのか」

という目的意識の把握である。

反対に「情型人間」は、ハートに受けたインパクトによって行動を決定する。となると、

「何をやっているか」よりも「誰がやっているか」という相手の人間性が問題になってくる。

このタイプの典型的な例が、豊臣秀吉だ。豊臣秀吉は若い頃の名を木下藤吉郎といった。

藤吉郎にとって仕える主人織田信長は絶対的存在である。かれにすれば明智光秀

とは違って、

「オレのような者を見い出し、育ててくれたのは織田信長様だ。したがって信長様は単なる主人だけではなく、自分にとっては師であり親のような存在だ。足を向けて寝ることはできない。給与もすべて信長様がくださっているのだ」

と、つねに感動して受け止める。この二タイプは、現在でもやはり存在するのではなかろうか。

労働の動機づけ三つの条件

いま若い人たちの労働に対するモチベーション（動機づけ）は、つぎの三条件に対する納得だといわれる。

このことは、働き手が属する組織に対する意識を強く持つか、あるいはロイヤリティを持つかとは別問題で、人間の働く場にはつねに存在してきたものだ。いまに始まったことではない。戦国時代でも同じである。

ではその三つは何かといえば、

・自分は何のためにこの仕事をしているのか？

・自分のやった仕事は、どれだけ組織あるいは社会に対して役に立ったのか？
・それに対して、組織はどういう評価をしてくれたのか？
ということである。順に「目的の把握」「寄与度あるいは貢献度の認識」そして「公平な評価」ということになるだろう。

職場でリーダーと働き手の間にゴタゴタが起きるのは、つねにこの三つをめぐっての論争だ。というよりも、働き手の方がこの三つに対して納得しない場合が多い。それは主としてリーダーの責任による。つまり、

「きみに頼む仕事はこういう目的のためであり、やってくれた仕事は会社のため、社会のためにこれだけの役に立つ。だからそうしてくれれば、会社はボーナスをこのように増やし、また異動時にはきみの職位を上げてさらに活躍してもらう」

ということを明確にしないからだ。

相手の潜在能力を気づかせる

この三つの疑問に対する納得は、その後における働き手一人ひとりの労働のバネになる。つまりこの納得が労働への〝モチベーション（動機づけ）〟になるのだ。

そしてその動機づけで欠くことができないのが、「情報の提供」である。

しかし情報を提供しただけではだめだ。

情報の処理は、
・分析。
・その中に含まれている問題点の摘出。
・考える。
・いくつかの解決策を出す。
・一番いいものを選び出す。
言葉を変えれば、情報の分析・考察・判断・決断などのプロセスを踏むということだ。

しかし、熟練者ならこれがすぐできるが、未熟な人々は情報の提供だけではすぐこれはできない。そうなるとリーダーが、その手助けをする必要がある。多くは、「分析」における手助けが必要になる。

これがいうところの〝ヒント〟である。

働き手はそれぞれが自分の中にこれらの行動をおこなえる内燃機関、すなわちエンジンを持った存在である。

しかし人間である以上、たとえ自分のことでも自分自身がよく分からない場合がある。それが経験不足ということだ。そうなるとせっかく優秀な処理能力を持っていても、それはまだ潜在した能力だといわざるを得ない。そこでリーダーの役割は、それぞれの働き手が持っているこの潜在能力を発見し、育てて生かすことだ。そのことは同時にその働き手自身が、

「自分の気づかなかった潜在能力を発見し、自分で育て生かすこと」

の手助けだということになる。

そのためにはリーダーが、なかなか分かってもらえない未熟な働き手に腹を立て、いきなり、

「なにをやっているのだ！　ああやれ、こうやれ」

と、相手に考える時間を与えずにすぐ動かすようなことをすれば、相手はモラール（やる気）を失ってしまう。とくに現在の若い働き手にはこの配慮が必要だ。つまりリーダーは相手の気づいていない能力を気づかせるような火つけ役になり、ヒントを与えることが大事なのだ。

相手のエンジンを動かすセルモーターの役割を果たすことが大切だ。そしてあとは本人の自己努力に任せる。それこそ、

「働き手一人ひとりの自己開発の動機づけ」

をおこなうことが、いま最も求められるリーダーシップなのではないのだろうか。

「この不況期にそんな余計な時間はない。どんどん追い飛ばして使わなければだめだ」

という、荒っぽいリーダーシップを求められる職場もあるだろう。しかしそれでは若い人は育たない。人を育てるということは、何といっても時間と根気が必要だ。

そこで木下藤吉郎に例をとって、この問題をもう少し掘り下げてみたい。

信長に難題をまかされた秀吉

木下藤吉郎が織田信長の部下になってからまもなく、台風がこの地方を襲って、信長が拠点としていた清洲城の塀が大破した。織田信長は、当時父の信秀からこの城を引き継いだばかりであり、かれも四面楚歌の境遇にいた。

父の信秀は、国主の家老のまた家老という低い身分から、尾張一国を支配するよ

うになったいわば成り上がり者である。信秀には経営感覚があって、近くにある津島という商業都市を押さえていた。

津島は、伊勢との重要な貿易港であった。当時でも二万人以上の人が住んでいたというたいへん賑やかな港だった。この港の経済力を信秀は活用した。信秀はいってみれば、金の力でぐんぐんのし上がっていった戦国武将である。信長はその信秀の跡を継いだ。しかし強引な信秀のやり方に、周囲の戦国大名たちがいい感じを持っていず、

「信秀のあとの信長を攻め滅ぼして、尾張国を自分たちのものにしよう」

と、虎視眈々と狙う大名がたくさんいた。そんな時に、肝心な拠点の城の塀が崩れてしまったのである。危機を感じた信長はすぐ工事奉行を呼んで、

「すぐ塀を直せ」

と命じた。奉行はかしこまって仕事にかかった。しかし、いく日経っても塀は直らない。

信長は苛立った。奉行を呼んで、

「一体何をやっているのだ？　塀がちっとも直らないではないか」

と叱った。奉行は、

「労働者がいうことを聞きません。台風の後なので、どさくさ紛れに賃金の値上げを要求しているのです」

といった。信長は、

「そんなことをいちいちおれに弁明するな。そういうことを処理するのもおまえの仕事だろう」

といったが、奉行はふくれっ面をして横を向いた。怒った信長は即座に工事奉行をクビにし、代わりに木下藤吉郎を奉行に任命した。

藤吉郎は、かしこまりましたといってこの仕事を請負った。クビになった工事奉行は藤吉郎に嫌味をいった。

「新参のおまえにできるはずがない」

「そうかもしれません」

藤吉郎は逆らいもしないでニッコリ笑って応じた。

藤吉郎は現場にいった。そして自分の眼で塀の壊れた箇所を調べた。やがて工事に従事する労働者たちを呼んだ。約百人いた。藤吉郎はこんなことをいった。

「新しく塀の修理を命ぜられた奉行の木下だ。しかしオレは全くの素人で、こういう仕事のことは分からない。全部おまえたちに任せたい。ただ、同じ任せるにしても手順だけを決めておこう。いま塀の壊れた所をみてきたが、壊れ方は大体どこも同じで、ある箇所が酷《ひど》く、ある箇所が軽微だったということはない。そこでこの破損箇所を十カ所に分ける。それを修理するために、おまえたちを十組に分ける。一組ずつ一カ所を担当して修理してもらいたい。

だれがどの組にいくかは、オレには分からない。おまえたちにはやはり気が合ったり合わなかったり、好きだとか嫌いだとかということもあるだろう。そこでだれがどの組にいくかは、おまえたちで相談しろ。

いまこの塀を早く直さないと、敵が攻め込んでくる。オレたちは男だから、武器を取って戦うが、女子供はそうはいかない。城の中で一緒に暮らしている女子供は、もしオレたちが負けてしまえば、敵の奴隷になったり殺されたりしてしまう。とくに女は、全部敵の慰みものになる。おまえたちは自分の女房がそんな目に遭っても平気か？　子供が奴隷になっても平気か？　そういうことを考えると、この塀の修理は、一日もないがしろにはできない。いいな？　もう一度繰り返す。自分たちで気の合う仲間で一組をつくり、その組が一カ所ずつ修理箇所を選んで工事に励め。おまえたちは、この塀の修理をする目的を、あるいは信長様だけのためだと思っていたのかも知れないが、決してそうではないぞ。おまえたちの家族にも関わりがあるのだ。このへんをよく頭の中にしみ込ませろ。いいな?」

話し終わった藤吉郎は、

「オレがこれ以上口を出すと、おまえたちの仕事がやり難かろう。だれがどの組に入るか、どこの破損箇所を担当するか決まったら、報告にこい」

そういうとサッサとその場から去った。残された百人余りの労働者たちは、互いに顔をみあわせた。こんなやり方ははじめてだったからである。中にはブツブツ文句をいう者もいた。

「新しいお奉行は無責任だ。オレたちにみんな仕事を押しつけて、自分はどこかに行ってしまった」

部下の心をくすぐるテクニック

が、みんなの頭の中には共通した新しい思いがあった。それは、

「塀の修理は、城の主である信長様だけのためではない。この城に一緒に住んでいる家族にも関係があるのだ」

ということだった。いわれてみればそのとおりだ。労働者たちの家族もこの城に一緒に住んでいる。敵に攻められれば、敵の方はそれが武士なのか労働者なのか見分けはつかない。労働者たちもその時は武器を持って戦う。そうなれば、敵にすればやはり殺す対象になる。藤吉郎にいわれて、労働者たちもはじめてそのことに気がついた。ガヤガヤと話をしている時に、藤吉郎の使いだといって、酒樽が持ち込まれた。酒樽を持ってきた者は、

「これで賑やかに話し合ってくれと、木下様の差し入れです」

みんな一斉にワーと声を上げた。このへんは藤吉郎の巧妙な人使いである。藤吉郎は全体に、その生涯を通して、

「かれはニコポンと褒美のばら撒きの名人だった。ニコポンとばら撒きで人の心を釣った」

といわれる。信長のように生まれつき城の主の息子に生まれたわけではなく、身分の至って低い家に生まれた藤吉郎がのし上がっていくためには、人の心を掴む上

でどうしても避けて通れないやり方だったのだ。

労働者たちは相談した。労働者の中にもリーダー格がいる。そのリーダーを中心に、
・だれとだれが一組になるか。
・どこの修理箇所を受け持つか。
ということを話し合った。しかしこんなことはいくら話し合っても埒《らち》はあかない。人間の好き嫌いは理屈ではどうにもならないからだ。結局、

「クジ引きにしよう」

ということになった。クジが引かれて、約十人ずつが一組になった。中には気の合わない同士が一緒になった組もある。が、クジ引きは公平だ。文句はいえない。

「おまえは気にくわないけど、まあ一緒にやるか」

ということになった。これが藤吉郎の狙ったチームワークの誕生である。そして、工事箇所もクジ引きにした。それを藤吉郎の所に報告にいくと、藤吉郎は、

「分かった。よくやってくれた。うれしいぞ。一番最初に自分の受け持った工事箇所を修理した組には、オレが信長様から褒美を貰ってやる」

といった。藤吉郎にすればここが勝負どころだった。というのは、前の奉行は労働者たちに賃金値上げを要求され、うまくいかなくて失敗した。藤吉郎はそんなことは口の端にも出していない。かれも内々は、

(もし働き手たちが、賃金値上げを要求したら困るな)

と思っていた。それをかれは、

「塀の修理は、おまえたちの家族にも関わりがある」

ということで押し切ってしまったのである。しかしそれだけでは労働者たちのモラールは上がらない。そこでかれは、

「一番最初に工事を終えた組には、信長様が褒美を出す」

というエサをちらつかせたのである。

このエピソードは有名な事件だ。一晩で塀の修理が終わったという。そうさせたのも、藤吉郎が、働き手たちに、

「何のためかという目的と、自分たちのやったことがどういう意味があるか。そしてさらにそれに対してどういう評価がされるか」

ということを明確に示したからである。

〝ニギリメシ〟と〝おカユ〟の論理

清洲城の壊れた塀を修理するために、木下藤吉郎は部下百人を、十組に分けた。そして、

「だれとだれが組むか、自分たちで決めろ」

といった。これは現在のいい方をすれば、

「指示待ち族に、ただ指示を待っているだけでなく自分でも少しは考えろ」

ということを示したことになる。いままで部下たちにそんな癖はついていなかった。何でも、上からの指示を待っていた。ところが木下藤吉郎はそうはしなかった。

「だれとだれが組むかは自分たちで相談しろ」

ということは、いろいろな問題を解決しなければならない。まず人間には、

「あいつは好きだ」

とか、

「あの人間は嫌いだ」

という感情がある。これはやむを得ない。

藤吉郎は、

「そんな、相手が好きだとか嫌いだとかという感情を捨てろ」

といったわけではない。

「人間には、好き嫌いの感情があるのだから、それを前提にして誰と組むかを自分たちで考えろ」

ということだ。しかし、この〝好き・嫌い〟という感情を前提にして、百人が十組に分かれるということは不可能だ。好きな人間同士が集まれば、十人の枠を超えてしまうし、嫌いな人間だけが集まれば、そこは十人以下の少数な組ができてしまう。それをどう均《なら》すか。そこで部下たちは相談して、

「くじ引きにしよう」

ということにしたのである。これは現在の組織にもいえることだが、組織の成員をどう捉えるかということにもつながっていく。藤吉郎がいったのは、

「組織の成員は、ニギリメシの米つぶでなければならない」

ということである。逆にいえば、

「組織の成員はおカユになるな」

ということだ。

ニギリメシの米つぶとおカユとはどう違うのか。藤吉郎にいわせれば、

「おカユは、組織の悪習に侵されて自分を失っている。何でも自分の意志がなく、人のいいなりだ。だから自分の大切なものは、汁に吸い取られてしまっている。また集めようとしても集まらない。しゃもじを使うより仕方がない。そこへいくとニギリメシの米つぶは違う。ニギリメシという組織に属していても、握られた米つぶが一粒一粒、自分は米つぶだという主張をしている。つまり自分にとっていちばん大事なアイデンティティをしっかりと持っている。組織の成員は、すべてニギリメシの米つぶであるべきだ。しかし、米つぶだからといってそれぞれが好き勝手なことをしていいということではない。握られているということは、やはり組織に属し、組織のルールを守り、その秩序にしたがっているということだ。これが本当のチームであり、米つぶたちのおこなうことがそのままチームワークにつながる」

ということだった。

指示待ち族に考えさせるために

百人の部下はくじ引きで十組のチームをつくった。そこで、代表が、

「組ができました」

と報告にいくと、藤吉郎はうれしそうにうなずいてこういった。

「次は工事箇所をどこにするかということだが、それもお前たちで決めろ。オレはいちいち指示はしない」

と告げた。代表たちは顔を見合わせた。しかし百人の働き手を十組に分けるプロセスで、藤吉郎の気持ちがつかめた。代表たちは現場に戻ると相談した。

「どの組がどこの工事を受け持つかは、これもくじ引きにしよう」

といった。みんな賛成した。十組はそれぞれの工事箇所を確認した。もちろん、修復するのに大変なところもあれば楽なところもある。しかしそんなことをいちいちいい合っていたのではいつまでたっても決着がつかない。くじ引きがいちばん公平だということになった。

「十組の工事現場が決まりました」

と報告にいくと、藤吉郎はうれしそうに笑って、

「おまえたちもたいしたものだなぁ。それでは今日はそのへんでいい。酒を用意しておいたからみんなで飲め。工事は明日からおこなえ。いちばん最初に工事が終わ

ったところには、信長様から褒美をもらってやる」

と告げた。代表たちは藤吉郎が用意した酒をもらって現場に戻ってきた。これこれだと話すと、みんな顔を見合わせた。

働き手の頭の中には、

「一番早く工事を終わったところには、信長様が褒美を出す」

という藤吉郎のことばが引っかかった。だから酒を飲んでも酔えない。というのは、

（木下様は明日の朝から工事を始めろとおっしゃったが、どこかの組がぬけがけをして、夜のうちから工事を始めるのではないか？）

という疑心暗鬼の念が湧いたからである。

そうなると油断がならない。互いの組をジロリジロリと見合う。

「まさかおまえたちは、今晩から工事を始めるつもりではあるまいな？」

という目でみる。相手もそういう目でみる。代表たちはこの気配を察した。こんな気持ちで朝まで飲んでいても仕方がない。ある組の代表が立ち上がっていった。

「オレたちは、いまから工事を始める！」

その組の労働者たちはいっせいにワーッといって立ち上がった。これがきっかけになった。

「オレたちも工事を始めよう！」

「こっちもやろう！」

打てば響くような声があちこちであがって、労働者たちはたちまち工事現場に走っていった。

「酒は工事が終わってからだ！」

「その方がよっぽどうまい」

そんな声が立った。こうして、十組の働き手たちは、十カ所の工事現場に走り、いっせいに修復工事を開始した。一晩のうちに、塀の修理は終わった。

トップから褒賞をひっぱり出す

「工事は全部終わりました」

代表たちが藤吉郎のところに報告にいった。藤吉郎は全然寝ていなかった。藤吉郎はこうなることを予測していた。というのは、働き手たちの動きをみているうち

に、彼らがどんどん仕事に興味を持ち始めたことを感じ取っていたからだ。藤吉郎は胸の中で、

(これはうまくいく)

と完全に自信を持っていた。しかしだからといって藤吉郎は安心してそのまま自分だけ寝てしまうようなことはしなかった。

「彼らは、きっと今晩から工事を始める。それなのに指揮者のオレが、オレだけ寝てたのでは彼らに悪い」

という気持ちを持っていた。これは藤吉郎の生涯を通じて発揮される部下に対する愛情だ。藤吉郎は、

「褒美のばらまきとニコポンの名手だった」

といわれる。褒美のばらまきやニコポンが嫌われるのは、

「腹にないお世辞をいう」

からであるが、藤吉郎の場合には心の底からそう思っていた。だから彼が働き手たちの肩をポンポン叩きながら、ニッコリ笑って、

「おい、ごくろうさん」

という時は、本当にその人間に対してごくろうさんと思っていたのである。これが部下に通じる。上辺だけのものではない。この時の藤吉郎がそうだった。代表たちは、

「木下様は、夜も寝ないでずっと起きていらっしゃった」

と感じた。それだけで代表たちは胸を熱くした。藤吉郎は修復された塀を丹念に検分した。そして最後の場所を見終わると、

「見事に塀が直った。ごくろうだった」

と褒めた。そして、

「一番早く修理を終わったのはどこだ？」

と聞いた。

「この組です」

代表たちが一致して一番早い組を指さした。うなずいた藤吉郎は、

「信長様を呼んでくる」

といった。みんなびっくりした。

藤吉郎が、

「一番早く工事を終わった組には、信長様が褒美を出す」

といったが、そんなことはうそだろうと思っていた。信長はそんな人間ではない。ダンプカーのようなリーダーシップを発揮する信長が、そんな塀の修復ぐらいでわざわざ出掛けてくるはずがないと思っていた。

「あれは木下様のハッタリだ」

とみんな本気にしなかった。ところが藤吉郎は、城の中に入るとやがて信長を連れて出てきた。信長は早く起こされたので少し不機嫌だった。しかし手に金の袋を持っていた。直った塀をみると、信長もびっくりした。

「たった一晩で、この塀を直したのか？」

と藤吉郎に聞いた。藤吉郎は、

「そうです」

とうなずいた。

「いったいどうやったのだ？」

そう聞く信長に藤吉郎は答えた。

「この連中が自分たちで考えて、自分たちで組を組み、それぞれ工事箇所を分担しておこなったのです。たいしたものです」

「ふぅーん」

信長は信じなかった。藤吉郎をジロリとみた。

（サル、おまえのサル知恵だな？）

と目で聞いた。藤吉郎は笑っていた。信長は一番早く工事を終わった組に褒美を与えた。みんなドッと歓声を上げた。褒美をもらった組の代表は、

「わたくしの組だけでなく、全員で分けます」

と応じた。藤吉郎は大いに面目を施した。

藤吉郎の若き日の「清洲城の塀修理」は、もう少し分析する必要がある。

というのは、藤吉郎がこの時おこなった事例は、その後の信長の天下統一戦略に重大なかかわりを持っていたことだ。

つまり藤吉郎は、信長の、
・これからやろうとしていることの理念。
・その目的。
・その実現方法。

・いまの織田軍団はそれをすぐ実行できるのか。
・改革するとすれば、どこを変えるべきか。
・変える方法はどういうものが考えられるか。
ということを中間管理職の立場で考え、実行したということなのだ。

では、織田信長がこのころめざしていた「理念」や「目的」とは、一体どんなものだったのだろうか。

中間管理者のほんとうの職務

一般社員にとって、仕事をするということは、
・何のためにこんな仕事をするのか？　という目的。
・自分のやったことがどれだけ役に立ったのか、という組織目的に対する寄与度。
・それに対しどんな信賞必罰が加えられたかという評価。
の三つをはっきり認識することだ。いってみればこれらの三つについて「納得」することが大切だ。

一般社員についてはこの程度ですむが、中間管理職になるともう少し複雑になる。

それは、

「うちのトップは、どういう経営理念を社会に実現しようとしているのか。また、社会に対しどういう貢献をしようとしているのか」

ということも盛り込んで考えなければならない。そうなると、トップの持つ経営理念をどのような実現方法で展開すればそれが可能かということも考えなければならない。

木下藤吉郎はすでに織田家の中間管理職の一人だった。彼が偉かったのは、ただ中間管理職としての職責を全うすればすむというような次元で仕事をしなかった。彼は常に、

「織田信長様は、この日本でいったい何をやろうとしておられるのか」

ということを考えていた。

織田信長は若い頃〝うつけ〟とか〝ばさら〟とか〝かぶき者〟とか呼ばれた。いずれもほめ言葉ではない。うつけというのはバカのことだ。ばさらというのはもともと仏教用語だが、普通には、

「世の中からはみ出す常識外のことをするような風変わりな人物」

と解釈されていた。かぶき者の原語は〝傾く〟というところからきている。傾くすなわち〝かぶく〟といっていた。

従って、社会に対して体を斜めにかまえ、皮肉やからかいの気持ちを強く出して、まじめに生きていこうとしない者のことだ。若い頃の織田信長は世間からそうみられていた。

しかし木下藤吉郎がみた織田信長は、決してそんな人間ではなかった。藤吉郎は、

「主人の信長様が、うつけやばさらやかぶき者といわれて、城下町をうろつきまわっていたのは情報を収集するためだ」

と受け止めていた。

つまり、当時飛行機や自動車や鉄道がなく、またテレビや電話もない時代に、人間が国から国へ渡り歩くというのはどういうことだろう、と考えたのだ。藤吉郎にとって、諸国のお坊さんや、高野聖《こうやひじり》や、伊勢の御師《おし》や、芸能人や商人や、浪人や行商人たちが渡り歩いていくことは、

「そのまま情報が国から国を渡り歩いている」

というふうにみえたのである。そういう観点からすれば、主人の織田信長が始終

城下町をほっつき歩いて、そういう流動する人々と接触していることは、そのままそれらの人々が蓄えている情報を聞き出していたということだ。しかし単に信長は情報を聞き出してうんうんとうなずいていただけではない。彼が知ろうとしていたのは、「同時代人のニーズ」である。

同時代人のニーズをどうつかむか

信長が流動者たちから聞き出したのは、

・その流動者が通ってきた国では、どういう産品が作られ、またどういう産品が欠けているか。
・そこの支配者は、そういう調整をおこなうためにどういう政治や行政をおこなっているか。その組織はどんなものか。トップの性格はどういうものか。
・その国内で、たとえほしがっていても作れない品物にどんなものがあるか。その不足する品物を、そこの支配者はどう調達しているか。

などということだ。信長は民衆生活にとって必要な品物のことから聞き始めた。しかし信長は単に国内産品のことだけを聞き出していた訳ではない。彼が本当に知

りたかったのは、

「同じ戦国時代に生きている日本人がのぞむ社会とは、いったいどういうものか」

ということである。そうなると、

「同じ時代に住む日本人は、生きる目的をどこにおいているか」

ということにつながりを持ってくる。

ある社会研究機関が「人間は何のために生きるか」ということを七つの項目で示したことがある。つぎのようなものだ。

・平和に暮らしたい。
・豊かに暮らしたい。
・平等に暮らしたい。
・正しく暮らしたい。
・自己向上したい。
・パフォーマンスしたい。
・安定したい。

平和についてはいうまでもない。しかし信長や藤吉郎が生きていた当時は戦国時代で、この素朴な願いはいっこうに実現されない。とくに戦国大名と名のる権力者たちが、好き勝手に農村や町を荒らしまわり焼いたり生産物を奪ったりする。一日として安心して暮らすことができない。したがって当時の民衆にとっては、

「こんな世の中が早く終わって、平和になってほしい」

ということは、心からの願いだったろう。

豊かに暮らしたいというのは収入のことだ。普通の人間としての生活ができるような安定した収入を得たいということである。平等に暮らしたいというのは、「差別のない世の中」のことだ。人間社会に設けられたいろいろな差別が、多くの人を苦しめている。そういうものが取り払われて、人間である以上誰もがその属性によって差別されることなく平等に生きたい、というのは戦国に生きた人々もまったくいまと同じであった。

正しく生きたいというのは、社会正義がおこなわれ、それが社会の合意として守られているということである。とくに偉い人ほどこの合意を守らなければ、下の者は上部不信となり社会が乱れる。

自己向上したいというのは、生きがいを持ちそれに自分の努力によって近づいて

いくことである。現在の言葉を使えば「生涯学習」のことだ。単にゲートボールをやるということではなく、

「他人や社会に役立つように、自分を向上させていきたい」

という自己努力の願いである。しかしこの自己学習も簡単にはおこなわれない。それには、時間的余力と経済的余力がなければダメだ。食うに困っていたのでは、生涯学習もへったくれもない。従って、これにも大きく政治や行政が関わりを持ってくる。つまり、

「そこに住む人々が、安心して生涯学習ができるような環境を作ること」

が大事になってくる。

パフォーマンスしたいとは、いわゆる価値の多元化社会に生きる人々の切実な願いだ。つまり自分で確立した価値観が社会に認められ、市民権を得るということである。同時にその価値観に誇りを持ち、自信を持って生きられるということだ。

最後の安定は平和からパフォーマンスに至る六項目が満たされたとしても、それが瞬間的なものであってすぐ覆《くつがえ》るようでは安心して生きていられない。従ってこれらの六つを常に確保できるような安定社会の確立が必要になる。

織田信長が城下町で聞き出したのも、おそらくこういう七つの願いである。この願いは、戦国時代はもちろん、人間が地球上に生を受けて以来ずっと持ち続けているものではなかろうか。現在もおなじである。

そして口幅ったいことをいえば、この七つの願いを実現するのが同時代に生きるすべての人々の責務ということになる。従って企業経営も、この七つの人間の願いにじっと注目すれば、いわゆる、

「マーケティング」

の役割を果たすのではなかろうか。つまりこれらの願いの中に、

「商売になるニーズ」

がたくさん潜んでいるのである。そのことは、織田信長の経営理念を敏感にかぎ取った木下藤吉郎の行動が、よく示している。

信長の最大の理解者として

よく、

「衣食足りて礼節を知る」

といわれる。これは、

「衣食に不自由を感じているようでは、とても礼儀など守れない」

ということだ。はっきりいえば、

「食うに困っていて、礼儀もヘチマもあるか」

ということだろう。木下藤吉郎は織田信長の経営目的を、敏感に、

「うちの殿様は、衣食住足らせてカルチャー（文化）を知る、ということに目標を置いている」

と感じた。つまり衣食足りて礼節を知るどころではなく、さらに一歩進めて衣食住足らせて人間生活に文化性を持せようということだ。

この言葉は、中国古代の思想家孟子のいった、

「恒産なければ恒心なし」

という言葉に通ずる。孟子のいうことは、人間として持たなければいけない常識、あるいは人の道などのことだ。恒産というのはある程度の財産や収入を示す。つまり、

「ある程度の財産や収入がなければ、人間は人の道を保つことができない。なぜな

ら、生活苦の方で頭がいっぱいでは、とても他人に対するいたわりややさしさを持とうとしても持てないからだ」

ということである。二千五百年前に孟子という人物は、こういうことをいい切った。人間の真理をいいあてている。

木下藤吉郎が織田信長に感じたのも同じことだ。つまり、

「織田信長様の本当の目的は、日本人の生活に文化性を持たせることだ。しかしそれにはまず生活苦を解決しなければならない。生活苦を解決するためには、孟子のいう恒産をこの国に準備する必要がある。恒産を準備するためには、何よりも戦国時代を終わらせてこの国を平和にしなければならない」

と理解した。

織田信長は美濃国に拠点を定めたとき、そこを「岐阜」と命名した。岐阜というのは、中国の「岐山」にもとづいている。古代中国で岐山は周という国が興ったところだった。周の武王は「愛民の政治」をおこなったので民がよろこび、孔子も孟子も周王をほめた。信長の岐阜という地名は、あきらかにかれが、

「日本の周の武王をめざす」

ということを示したものだ。藤吉郎はそう理解した。

織田信長の目的はまさに木下藤吉郎の理解通りのものだった。戦国時代に、

「衣食住足らせる」

ということは、まさに前に掲げた「人間はなぜ生きるか」という七つの願いを実現させることにつながる。そのことは言葉をかえれば、現在の〝インフラストラクチャー〟を実現することである。インフラストラクチャーというのは、昔は地域の経済活動が可能になるように、空港を作ったり港湾を整備したり鉄道を敷設したりすることだった。ところが現在は、教育や福祉や生涯学習にまで範囲を広げて考えられている。ということはそのまま、

「まちづくり」

につながっていく。道路、上下水道、ごみの焼却場、学校、福祉施設、図書館、市民会館、保育園など、あらゆる市民生活に必要な施設を用意するということだ。

つまりこれが、

「住民共有の恒産」

なのである。文化というのは〝恒心〟がなければ成立しない。しかしその恒心

も共有財産である都市施設が完備されていなければ機能できない。織田信長のめざしたのはまさしく、

「まずこの国を平和にし、国民共有の恒産を用意する。その上で、日本人に豊かな文化の心を持ってもらおう」

ということである。この信長の考え方は、現在の世に照らし合わせてもかなり「潜んでいるニーズ」を発掘することができる。木下藤吉郎は織田家の中間管理職としてそう考えていたのだ。

そしてこの藤吉郎の考えが、かれが単に、現場のリーダー即ち、

「ラインの長」

としてだけでなく、

「信長の頭脳（ブレーン）の一部」

になっていたことを物語る。ということはかれは、

「参謀としての役割」

もきちんと心得て、それを実行していたということだ。行動者と参謀のふたつの機能を果たしたことが、かれを信長傘下で群を抜いた武将にしたのだ。

2 トップに栖つくべきとき

茶坊主にとり巻かれるトップ

徳川家康は自分の九男、十男、十一男に分家を興させた。九男に尾張徳川家、十男に紀州徳川家、十一男に水戸徳川家である。これを「御三家」といった。家康の心積もりとしては、

「徳川本家に相続人が絶えたときは、この御三家でよく相談をして相続人を決めてほしい」

ということである。

紀州徳川家の初代藩主は頼宣《よりのぶ》といった。なかなか勇猛な性格でしばしば問題を起こした。家康は心配して、安藤直次という自分の腹心を家老につけた。安藤直次は、本当なら大名になる資格を持っていたが家康の頼みなので、

「分かりました」

といって、頼宣に従い紀州和歌山城に入った。

頼宣は外国の文明にも関心を持っていたので、輸入された珍しい品物を愛用した。その一つに望遠鏡があった。頼宣は城の天守閣にこの望遠鏡を取りつけ、暇をみつけては望遠鏡で城下町を覗いた。そして脇にいる者に、

「あ、家老のダレダレがいま馬に乗って城にやってくるぞ。風邪をひいているらしい。馬の上で鼻をかんだ、アハハ」

などと笑う。また、

「あれ、あの男は今日は病気だから城の仕事を休みたいといっていたはずだ。にもかかわらず庭に出て植木の世話をしているぞ。ズル休みではないのか？」

などともいう。さらに、

「あれ、あの男とあの女があんなところで話し合っている。いったい二人はどういう関係なのだ？　ほら、二人は連れだって怪しげな料理屋に入っていくぞ。いったい何をする気だ」

などと告げた。脇にいる者は、

「殿様、わたくしにもみせてください」

といって、代わる代わる覗きこんだ。そして頼宣の気持ちをさらに引き立てるように、

「殿様、この望遠鏡は本当におもしろうございますな。相手が気がつかないのにこっちでは手に取るようにみえるのですから」

といった。頼宣はいい気持ちになった。

しかし、

「殿様が望遠鏡でわれわれの生活を覗いている」

という噂はすぐ流れた。そうなると城下町のほうでも用心して、バカなマネはしなくなる。みんな、

「いつ城の天守閣から望遠鏡で殿様にみられるか分からない」

と思うので、うかつな行動をしなくなった。それだけに城下町からは笑い声が絶え、みんな城の天守閣を意識して、ぎこちない暮らしを送るようになった。心配したのは家老の安藤直次だ。

あえて上に意見をいうとき

「こんなことでは、着任早々なのに頼宣様の評判が落ちる」

そう思った安藤はある日、天守閣に上った。例によって頼宣がまた数人の茶坊主たちと一緒に望遠鏡を覗きあってはキャアキャア騒いでいた。これをみた安藤はいきなり頼宣のそばに近寄ると、望遠鏡をもぎ取り二つにへし折ってしまった。驚いた頼宣は、

「安藤、何をする！」

と怒りの声を上げた。しかし安藤は平然と、

「この望遠鏡は、殿のご政道のためになりません」

といった。そしてすさまじい形相で頼宣をにらみつけた。頼宣は縮み上がった。安藤は、

「そこにお座りください」

といって頼宣を座らせ、自分も前に座って懇々と意見を始めた。コソコソと逃げようとする茶坊主たちをみると安藤はどなった。

「おまえたちも一緒に聞くのだ！　おまえたちが殿をこのように悪くしているのだ

から」

といった。茶坊主たちは首を縮めてその場に真っ青になって座った。

安藤は、

「この望遠鏡で殿が城下町の生活をお覗きになるために、現在城下町の人間たちはこの望遠鏡を意識して思うような暮らしもできません」

と、覗きの弊害をくわしく語った。頼宣は真っ青な顔をしたまま、身を震わせていた。

進退をかけて実行した男

頼宣は気が短い。そのため失敗をした部下がいるとしばしば殴ったり蹴ったりした。

あるとき小さな過ちをとがめて、頼宣は持っていた刀をさやごと抜いてその部下の頭を殴った。ところがさやが割れて刃が出、それが部下の頭を傷つけた。血が流れた。部下は悲憤した。家に戻ると、

「腹を切る。そして殿に腹いせをする」

と家のものに告げた。家の者はびっくりして安藤のところに駆けこんだ。安藤は驚いてすぐその部下のところへ行き、

「殿を叱ってくるから、腹を切るのだけは待ってくれ」

といった。そしてすぐ城に行った。頼宣は、

「またうるさいジジイが何をいいにきた？」

という表情で安藤をみた。安藤は頼宣のそばに近寄るとその膝をしっかりと押さえた。そして、

「今日は、少し時間が長くかかりますから、ここをお動きになりませぬように、わたくしがしっかりと殿の膝を押さえます」

と予告した。そして、頼宣に頭を傷つけられた部下の話をした。頼宣は、

「あいつが悪い。失敗を犯した部下に罰を加えただけだ。オレは悪くない」

とがんばった。安藤は、

「たとえ罰を与えるにしても、刀のさやが割れて相手を傷つけたとなれば、これは容易なことではありません。犯した過ちに対する罰としては、少し厳しすぎます」

「そんなことはない」

押し問答がはじまった。安藤直次は意見をしている間、ずっと頼宣の膝を押さえ込んでいる。頼宣は痛くてたまらないが、負け惜しみが強いから悲鳴は上げない。じっとこらえている。

安藤直次はついに堪忍袋の緒を切った。

「わかりました。では、わたくしは家老としてお役に立ちませんのでやめさせていただきます」

「勝手にやめろ」

売りことばに買いことばで、頼宣もそんな憎まれ口をたたいた。

「うるさいジジイがいなくなってくれればオレも清々する」

「さようでございますか。ではお暇を頂戴してわたくしはすぐ江戸に戻ります。ただし、江戸に戻ったらすぐこのことを将軍家に申し上げて、この家を取り潰していただきますからそのおつもりでどうぞ」

と恐ろしいことをいい出した。頼宣はびっくりした。安藤直次ならやりかねない。安藤は、本当ならとっくに大名になっている身なのに、頼宣のつけ家老として家康から、

「気の短い頼宣を指導してやってくれ」

と丁重に頼まれた身だ。だから怖いものはない。ここで家老をやめれば本気で江戸城に行って頼宣の悪事をバラすだろう。頼宣は弱った。

名参謀なくして名将なし

「安藤、ちょっと待ってくれ」

「何でございますか？」

「よく考えてみれば、オレも少し気が短かったような気がする。あの部下には謝る。勘弁してくれ」

「ご本心でそうお思いになりますか？」

「思う」

「それならよろしゅうございます。すぐあの部下の家に行って、丁重に詫びてください」

「分かった」

やっとのことで安藤が膝から手を離したので頼宣はほっとした。もう少し膝を押さえ込まれていれば、ついに我慢ができなくて悲鳴を上げてしまいそうなほど痛かった。

安藤に意見されて頼宣はすぐ部下の家に行った。そして、

「オレは少し気が短かった。許してくれ」

と詫びた。殿様がじきじきに自分の家まできて謝るので、部下は驚いた。そして飛び下がり、

「恐れ入りました。元々はわたくしが悪うございました。どうかお許しください」

と謝った。そして頼宣のこの計らいでその部下は切腹を思い止まった。

その夜風呂に入った頼宣は、自分の膝をみて驚いた。真っ黒なアザができていた。思わず、

「安藤の奴め、こんなアザをつくりよった」

と苦笑した。

このアザはなかなか消えなかった。かなり長い間残った。安藤の死後も消えなかった。気づいた部下が、

「そのアザは何でございますか?」

と聞いた。すると頼宣は、

「これは家老の安藤直次につけられたものだ。あの男の忠誠心の証しだ。だからオレはこのアザを決して忘れない。いつも大事にしている。そして過ちを犯しそうになったときは、必ずこのアザのことを思い出して思い止まっている。生きている間はあのジジイがうるさくてしかたがなかった。しかし死んだいまはなつかしくてしかたがない」

と語ったという。

いい参謀というのは、こういうように、

「主人に思いきって諫言《かんげん》する」

という勇気のある人間のことだ。だから単に作戦計画だけでなく、補佐役の任も負っているということだ。

バブル期と低成長期はくり返される

江戸時代には、三回の経済の高度成長期と、三回の低成長期があった。高度成長
期は、元禄、明和・安永、そして文化・文政の時代である。景気が悪かった時代
享保、寛政、天保だ。
　そして景気が悪かった時には、徳川幕府は必ず、いまの言葉を使え
チャリングあるいはリエンジニアリングをおこなった。この二つ
の意味はよく分からないが、リストラクチャリングが「企業
の改革」を意味するとすれば、リエンジニアリングは「
るのだという。
　しかし、経営改革も根本的な見直しをしな
つの根は全く同じだといっていいだろう
江戸時代の経営改革は、それぞ
・享保の改革は元禄のバブル
・寛政の改革は明和・安
・天保の改革は文

というように受け止められている。従って、改革者たちは、前時代の放漫財政を批判し非難する。ところが、

「政治家が一人や二人変わったからといって、本当に政策がガラリと変わってしまうものだろうか」

という鋭い疑問を投げかけたのが、『田沼時代』（岩波文庫）を書いた辻善之助先生だ。辻先生は、

「政策は決して、一人の政治家によってクルクル変わるものではない。必ず、継続性と連続性がある。だから、どんなに変わったようにみえても、その中には必ず前時代からの政策がそのまま続けられていることが多い」

と喝破した。このことは率直にいえば、

「後世の政治家が、前時代の政治を批判しても、後世の政治家がやっていることの中には、必ず前時代の悪い政治家がやっていた政策が含まれているはずだ」

ということである。

江戸時代二六〇年間は、徳川家に忠実な部下である譜代大名や直参によって政治がおこなわれた。関ヶ原合戦後に徳川家の部下になった外様大名たちは、政権の座

に就くことができなかった。

ということは、譜代大名や直参は万年与党であり、外様大名は万年野党であったといえる。そのまま明治維新を迎えた。

そうなると、たとえ派閥の差はあっても万年与党という位置付けは変わらない。

だからこそ辻先生は、

「良い政治も悪い政治も、必ず継続性・連続性を持って政策が引き継がれているはずだ」

というのだろう。

集団合議制が破たんをきたすとき

享保の改革、寛政の改革、天保の改革は、江戸時代の三大改革といわれるが、二番目の寛政の改革と天保の改革は、それぞれ享保の改革を手本とした。そして享保の改革は、元禄の垂れ流しの後始末だといわれたが、元禄時代の政策を全部否定したわけではない。享保の改革を推進したのは八代将軍徳川吉宗である。

徳川家康は、

「徳川本家に相続人が絶えた時のことを考えて、御三家を創設する」

と告げて、尾張徳川家、紀伊徳川家、水戸徳川家のいわゆる〝御三家〟をつくった。徳川吉宗は、この定めによって本家に相続人が絶えたので、紀伊徳川家から本家に入った。

かれは身長が一メートル八十センチもあり、堂々たる身体つきのスポーツマンで、あまり美男ではなかったという。考えたり本を読んだりすることはあまり好きではなかったようだ。しかし、その代わり自分の足りない部分を補わせるために、多くの人材を登用した。

徳川家康は組織に対し「分断管理」を適用した。とくに、管理職ポストには複数制をとった。いろいろなポストは絶対に一人の人間を任命しない。二人以上の人間をこれに充てる。家康にすれば、

「人間は決して完全ではない。能力もパーフェクトではない。そこで、互いの欠陥を補わせるために、長所短所をよくみぬき、数人の人間を組み合わせてひとつの目的を達成させるのだ」

と考えた。これを最初に実験したのが、かれが今川義元の手を離れて独立した時

に、拠点の岡崎城下で始めた奉行の三人制である。この時の奉行は、高力清長《こうりききよなが》、本《ほん》多作左衛門《だざくざえもん》、天野康景《あまのやすかげ》の三人だ。世間では、

「ホトケ高力　オニ作佐　どっちつかずの天野康景」

といった。ホトケのように温かい高力と、オニのように怖い本多作佐衛門と、そしてどっちつかずの天野康景の三人を組み合わせれば、何か事が起こった時に三人でよく相談し、納得のいく結論が得られるだろうということだ。

とくに、市民に対する政治はそうではなくてはならないというのが徳川家康の考え方だった。

人間が果たしてそういうようにうまく組み合わせられるものかどうか疑問だが、家康はこの制度を幕府全般に及ぼした。制度として確立したのが三代将軍徳川家光の時代である。老中、若年寄、大目付、いろいろな奉行職などが設けられた。しかしこれらのポストはすべて複数制であって、単数のポストはない。

はじめのうちは、

「負けまいぞ」

という、いい意味の競争心が湧いてお互いに仕事に精を出した。ところが、時代

が下るに従って変わってきた。複数制で仕事をおこなうということは、

「合議制」

あるいは、

「集団指導制」

のことである。これが攻めという形をとって積極性を持った時はいいが、守りに回って消極的になると始末に負えない。つまり、集団指導や合議制というのは、うまくいかなかった時の言い訳の理由になる。

そのため、出るクギは打たれ、頭を出せばモグラ叩きのように叩かれる。結局は、みんな何もいわなくなってしまう。

「ごもっとも、ごもっとも」

と、他人の意見を重んずる。それも、上位者の意見には絶対に従う。

結局、自分のいいたいことを通してもらうためには、他人のいっていることがたとえおかしなことでもこれを認める。結局、こういう合議制から生まれる結論というのは玉虫色で、みんなの意見が全部入っている。よくみてみると、AさんとBさんのいうことが全く対立しているにも拘わらず、それが平然と入っている。よくこ

ういうことを、

「大同小異で、小さな違いは棚上げにする」

という。ところが実際には大同小異ではなく、

「小同大異」

の場合が多い。違いの方が大きくて、共通するところが少ないのだ。だから、なにか事が起こった時はバラバラになってしまう。

いきおい失敗を恐れるようになって、案そのものも消極的になる。よくいう〝石橋を叩いても渡らない〟ということになってゆく。

徳川吉宗が将軍になった時は、完全にこの悪い面が江戸城に蔓延していた。江戸城に勤める役人たちは全部無気力であり、

「休まず・遅れず・仕事せず」

という状況になっていた。こういう状況になると、仕事に対する知識や技術が磨かれるのではなく、人間関係の技術が磨かれる。これが細分化され、どんどん発達していく。いわゆる「組織内処世術」がはびこる。そして、この処世術に長けたヤツがどんどん出世する。いきおい、猟官運動や贈収賄がおこなわれる。徳川家康の

本心から離れたポスト争いが起こる。

いつのまにか徳川幕府の諸々のポストは、それぞれ利権の対象になっていた。老中といういまの閣僚に匹敵するようなポストはもちろんのこと、長崎奉行のポストなども大名や旗本たちのヨダレのたれるようなものだった。とにかく長崎奉行になると、貿易をしている中国とオランダから莫大な贈物が贈られる。また、長崎奉行は九州の大名の監督も兼ねていたから、監督される大名たちが悪口をいわれないためにセッセと贈物を持っていく。

「長崎奉行を一期務めれば、一生左ウチワで暮らせるだけの財産ができる」

といわれた。

生産性のある生き方をする者は嫌われ、非生産的でジメジメしたウエットな生き方をする者だけが重用される。人間の精神がしだいにみじめなものになっていく。

トップが直面する三つの壁

徳川吉宗が将軍として江戸城に乗り込んできた時は、そういう時期だった。とくに、元禄時代のバブル景気が崩壊し、世の中ではビュービュー不況の風が吹きまく

っていた。徳川吉宗に課された責任は、

「傾いた徳川幕府の財政をどう再建するか」

ということであった。財政だけではない。

「傾いた徳川将軍家の権威をどう回復するか」

ということも、大きな命題であった。

改革には、これを阻む壁が三つある。

・物理的な壁（モノの壁）
・制度的な壁（しくみの壁）
・意識的な壁（こころの壁）

この中で一番厄介なのは最後のこころの壁だ。いわゆる「意識改革」といわれるものである。長年太平な暮らしに慣れると、それがぬるま湯になって出ると風邪をひく。そこでなんとかしてそのぬるま湯の中に止まろうとする。そのしがみつきの精神は、絶対に改革には協力しない。

徳川吉宗が考えたのは、

・発想の転換

・人材登用

の二つであった。かれは、

「江戸城内に巣食っているこの三つの壁を叩き壊してやろう」

と考えた。人材には、すでにツバをつけた人物が何人もいた。例えば、伊勢の山田奉行を務めている大岡越前守忠相《えちぜんのかみただすけ》である。吉宗はすでに、

（大岡を江戸に呼び出して、江戸町奉行を務めさせよう）

と考えていた。

この時代、徳川将軍の政策が実際に市民生活で表れるのは江戸が中心になる。大坂や京都や名古屋などは、すべてそれぞれ専任の管理者がいる。まして名古屋は、尾張徳川家の領地だ。手が出せない。結局、将軍が、

「自分はこういう理念に基づいて、こういう政策を展開しているのだ」

ということが、民衆生活ではっきり分かるのは江戸の町だけである。従って、江戸町奉行というのはたいへんな重職だ。現在でいえば、東京都知事、警視総監、消防総監、東京地方裁判所の所長、そして最高裁の判事を兼ねることになる。余程の人物でなければ務まらない。そして同時にそのことは、日本国政の最高トップであ

る将軍の、片腕といってもいいような存在になる。

が、だからといって新しく将軍になった吉宗が、いきなり、

「大岡を江戸町奉行に任命する」

などといい出せば、猛反発をくう。

後ろ向きの人間ほど、新しい人事に反発する。なんだかんだ陰で悪口をいう。あるいは面と向かって、

「そういうしきたりはございません」

と、過去の例だけを唯一のモノサシにして反対する。

(それをどうぶち破るか)

新将軍吉宗にとって、それが試金石だった。

閉塞の時代に望まれる参謀の資質

徳川吉宗の改革の第一弾は、老中と名のつく現在の大臣クラスをずらりと並べ、口頭試問をしたことである。

「これからおまえたちに聞きたい事がある」

吉宗はそう切り出した。老中たちは眉を寄せた。

（一体、何だろう？）

と思った。老中も徳川家康が始めたように複数制だったから、数人いた。吉宗はかれらを見渡すと、

「それぞれ自分の担当をいってもらいたい」

と告げた。すると代表のAが、

「担当というのはございません。担当を持たせますと、どうしても自分の仕事以外しなくなり、自分は関係ないと思いがちでございますので、わたしどもはそういたしておりません。何でもみんなで相談し、話し合って決めるようにしております」

と答えた。吉宗はそうかとうなずき、

「では、どんな問題についても全員が知っているということだな」

といった。老中たちは顔を見合わせた。そんなつもりでいったのではないからだ。かれらにすれば、

「何でもみんなで相談する」

ということは、現在でいう悪い意味での集団指導制だ。合議制である。責任が個

人にいかないような仕組みのことだ。吉宗の頭の中にはそんな発想はない。

「全員で相談して物事を進めるというのなら、あらゆる問題について全員が同じ事をわきまえ、同じ責任を感じているはずだ」

と考えた。

そこでAが再び口を開き、

「そうは申しても、一応は総務とか、財政とか、軍事とかは何とはなしに分担しております」

といった。吉宗はニッコリ笑った。

「そうだろう。わたしもそうしなければ仕事が進むはずがないと思っている。何でもすべての人間がわきまえるほど、人間には能力はない。では、軍事担当はだれだ?」

「わたしでございます」

Bが答えた。吉宗はBに聞いた。

「いま、江戸城内に櫓《やぐら》は何本あるのか、また倉庫に鉄砲は何丁あるのか、槍は何本か、旗は何本か答えてくれ」

Bは詰まった。顔を真っ赤にしてこう応じた。

「そういう細かいことは存じません。下の者に任せてあります」

「わたしが聞いていることは細かいことなのか？」

追及されてBはいよいよ顔を赤くした。

「すぐ部下を呼んで答えさせます」

「そんなことをする必要はない。では人事担当はだれだ？」

「わたしでございます」

Cが応じた。吉宗は聞いた。

「いま江戸城に勤務している武士は何人か？　他国へ出張しているのは何人か？　今日病気で休んでいるのは何人か？　また、江戸城に勤める武士の給与総額はどのくらいになるのか？　現在の米相場に比較して、それは妥当な額か、あるいは妥当を欠いた額か？」

「……」

Cは詰まった。そんなことは考えたこともない。そこで、

「そういう細かいことはすべて部下に任せてあります。残念ながら存じません。わ

たしどもはもっと大きな問題を話し合っておりますので」

悔しまぎれにそう答えた。吉宗は聞き咎めた。

「そうか、わたしの聞いたことはこれもまた細かいことなのか。おまえのいう大きな問題とはどういうことだ?」

「それは……この国をどうするとか、江戸の政策をどうするとかいうことでございます」

「分かった。たいへん結構だ。それではおまえは、この国をどうしようとしているのか。それと江戸をどうしようとしているのか、意見を聞きたい」

「……」

Cはまた詰まった。腹の中で、

(何というういやな将軍だ)

と悪態をついた。吉宗は改めてみんなを見回しこういった。

「これからは担当をきちんとしよう。そしていま、おまえたちが細かいといった問題は実は大事な問題だ。そういうことをないがしろにして、日本の国をどうしようとか、江戸をどうしようとかいっても始まらない。そういうデータを積み重ねることによって、日本をどうするか江戸をどうするかが決まってくるのだ。今後は、小さなデータを基礎にして政治を考えよう」

老中の中に一人だけ吉宗が目を付けた人物がいた。岡崎藩主の水野忠之という人物である。水野は武士には珍しく経営感覚に優れていて、幕府の予算総額、支出済額、これから必要とする事業やそれに要する予算額などを全部わきまえていた。控えめだが吉宗の問いに全部答えた。吉宗は、

（この男は頼りになる）

と感じた。そこで全員に告げた。

「水野忠之を、勝手掛りにする」

と宣言した。老中Aが文句をいった。

「先ほども申し上げました通り、われわれは一人一人が担当というものを決めないことにしております。水野殿に勝手掛りを仰せつけられますと、そのしきたりが破られることになります」

「悪いしきたりは破ろう」

吉宗は事もなげにいい捨てた。

「日本式経営」をもう一度見直す

つぎに吉宗が老中たちに命じたのは、

「大奥に勤務する女性の中で、美しい女性を五十人ほど選んで名簿を持ってこい」

ということであった。老中たちは顔を見合わせた。胸の中で、

（偉そうなことをいっても、この将軍様も好色なのだ。美しい女性を選んで、夜のお相手をさせるつもりなのだろう）

と感じた。いわれたことなので大奥にいって、責任者と相談し美しい女性を五十人選んで名簿を作った。それを持ってくると、吉宗はみもしなかった。こういった。

「その名簿に載っている者は、家に戻せ」

「は」

老中はびっくりした。

「なぜでございますか？」

「美しい女性ならば、何も大奥にいなくても嫁入り先に困るまい。家に戻してやれ。そうでない者は嫁にいくまでこの江戸城で仕事をするようにいえ」

「は」

つぎつぎと新手を打ってくるので老中たちはまごついた。こんな将軍は初めてだと思った。

もっと画期的なことがあった。

五代将軍綱吉も同じだったが、よその家から徳川本家に入ってくると、たくさんの家来を連れてくる。そしてその家来を今度は直参（徳川家の直接の部下）にして幕府のいろいろなポストを与える。他家からきた部下にとってそれが唯一の楽しみだった。かれらにすれば、

「われわれが永年仕えてきた殿様が将軍様におなりになった。当然、われわれも徳川家の直参になって幕府の枢要なポストを占め、将軍様を補佐するのだ」

と思う。

ところが吉宗はそんなことは絶対にしなかった。徳川将軍の政治にも、ある時代には〝黒幕〟と呼ばれる存在があった。吉宗はこれを嫌った。

「オレの政治は、全部ガラス張りでおこなう。黒幕など必要ない」

かれはそう宣言した。

かれはもともとは紀州和歌山の藩主だった。しかし、和歌山からはそれほどたく

さんの部下は連れてはこなかった。そして連れてきた部下も徳川家の直参にしたのはごく僅かである。かれは連れてきた部下にいった。

「おまえたちはあくまでも吉宗の部下として仕事をしてもらいたい。将軍吉宗の部下はすでに江戸城にいる」

これを聞いた部下たちは変な顔をした。腹の中で、

(オレたちは直参にはなれないのか)

とがっかりした。

この辺の吉宗の人事上におけるケジメのつけ方は見事だ。

「日本式経営」

というのがある。そしてこれは古いことであり、悪いことなので改めるべきだという風潮が経済界にある。とくに、外国から、

「日本式経営は改革されるべきだ」

という意見が強いからだ。日本式経営の中で最も槍玉に上げられるのはつぎの三つである。

・永年雇用

・年功序列
・恩情的人事管理
永年雇用というのは、いったん就職したらその組織では定年まで雇い続けるということだ。年功序列というのはいうまでもなく、勤務年限が大きなモノサシとなって、人事給与が決められるということである。恩情的人事管理というのはトップが温かい気持ちを持って従業員を扱うということだ。これらのことが集まって、日本の企業組織ではよく、

「うちの」

という言葉を使う。〝うちの会社〟〝うちの社長〟〝うちの社員〟〝うちの課長〟などだ。この〝うちの〟というのは一家意識で、

「日本では、公の存在である組織を私物化している」

といわれる。果たしてそうだろうか。逆にこういうものを保っているからこそ、日本では、上下の信頼感が生まれているのではなかろうか。

外国にはこれがない。ないというのは、転職が慣習化しているからだ。また、下の功績は上が奪う。だから、上と下の間にあるのは不信感だ。同時に、上は下に情

報を伝えない。

伝えると自分が損をし、あるいは会社の損失になるからだ。会社の損失になるというのは、転職ばやりだからその人間が得た情報を持って、敵側の企業に転職してしまうことがある。これは利敵行為になる。

「そういうことを予防するためには、下には情報を与えないほうがいい」というのが、欧米の企業組織における考え方だろう。基本的に、日本以上の差別があり、お互いに信頼感を持っていないことは事実である。

そう考えると、外国人が非難する「日本式経営」には、まだまだいいところがある。その良さを再発見して、新しく光をあてたのが徳川吉宗だった。

改革はひっくり返すこととは限らない

不景気が続いているためか現代人の桜に対する思い入れは深いものがある。東京でも、上野、飛鳥山、隅田川の堤、多摩地域の小金井などには、ドッと人がくり出したりする。

しかし現在の東京人や近郊人を喜ばせているこれらの桜は、実をいえば徳川吉宗が植えさせたものだ。そして実際の植樹をおこなったのは、名江戸町奉行の名を高めた大岡越前守忠相である。これらの植樹は、吉宗の所に寄せられた江戸市民の意見による。が、そのことはもう少し後で書かせていただく。

徳川吉宗は現在でいうリストラクチャリングあるいはリエンジニアリングをおこなった将軍だが、なんといってもそういう改革を推し進めるのは組織と人間である。吉宗にすれば、江戸城の役人たちだ。従って、改革当初の人事には相当な意欲がこめられる。普通の改革者だったら、

「いま役についている人間は全員無能だ。だからこそこんな財政難が起こったのだ。根こそぎ取り換えてしまおう」

と考える。ところが徳川吉宗の人事に対する基本方針は違った。かれはつぎのような考え方を取った。

・大幅な入れ替えはおこなわない。
・守ってきた永年雇用制や年功序列制は重んずる。
・定員減はおこなわない。現員を守る。
・政策形成に黒幕のような存在は置かない。

・しかし、いまいる役人たちがそのままの仕事の仕方をしていいというようなことにはならない。まだ自分でも開発していない能力を引き出させる。

ということであった。はっきりいえば、

「現在江戸城に勤務している武士たちを活用し、よそから大幅に新しい血を注入しない」

ということである。この方針が立てられたために、かれは紀州和歌山から乗り込んできたのにも拘わらず、和歌山から従ってきた武士たちを江戸城の重い役にはつけなかったのである。

吉宗は改革者のタイプとしては、

「独裁型のトップ」

である。独裁型のトップがよくとるのは、

「少数の側近だけを重用する」

という方法だ。いわゆる〝腹心〟だけを相手にし、何でもこの少数者と相談をして事を進めるというやり方だ。周りの者のほとんどを相手にしない。とくに古くからいる者を相手にしない。しかし吉宗はそんなことはしなかった。かれはあくま

でも、
・現在の徳川幕府の組織を重んずる。
・その組織に身を置いている人間は活用する。
・ただし自分から辞めるという者は止めない。
・もし辞めた場合にはその補填に自分の選んだ人物を登用する。
ということであった。江戸町奉行に大岡越前守忠相を登用したのはその例だ。前任の江戸町奉行が、乗り込んできた吉宗の勢いを恐れて、

「到底わたくしには務まると思いませんので、辞任させていただきます」

と辞表を出したのだ。吉宗は、

「そうか。長い間ご苦労だった」

といって辞表を受け取った。その江戸町奉行にすれば、あるいは、(自分から辞表を出せば、あるいは上様（吉宗のこと）は慰留してくれるかもしれない)

というすけべ根性があったのかもしれない。しかし吉宗はそんな手には乗らなかった。

（辞めたい者はどんどん辞めてもらう）

自然淘汰を止めなかった。

新設のポストが果たす役割

こういう方針に対し、紀州和歌山から一緒についてきた部下たちは一時不満に思った。しかし吉宗の方針が定着しはじめると、

「吉宗様のご方針は正しい」

と納得して、

「われわれは紀州和歌山で吉宗様に長く仕えてきた。江戸城の役人たちとは違う。自分たちの方がむしろ積極的に吉宗様のご方針を支持、協力しなければならない」

と合意した。

このことを知った吉宗は、はじめてこの連中を集め密命を与えた。

「おまえたちは江戸市中を歩き回り、わたしの政治に対する批判や悪い役人がいたらすぐ知らせるように」

と告げた。そしてこの仕事に従事する連中を「お庭番」といった。新しいポスト

である。悪くいえばスパイだ。江戸の町を探り歩いて吉宗に実情を報告する。お庭番というのは、文字通り江戸城内の庭の番人である。だから表面は、城内の樹木の世話をしたり、あるいは池で飼っている魚の世話をしたりする。つまり、江戸城内の庭の「管理役」である。が、実体はそうではない。隠密《おんみつ》だ。

しかし隠密だということを表面には出せない。このことが表に出れば、

「吉宗様は、表面はいままでの江戸城の役人たちを使っているフリをしながら、実体は和歌山から連れてきた人間にスパイをさせて、われわれの行動を見張らせている」

と受け取る。せっかくの吉宗の、

「現在の組織と人間を活用する」

という宣言が暗いものになってしまう。

吉宗の気持ちにすれば、そんな意図は全くない。あくまでも江戸の市民の実体を知って、謙虚にその批判を受け止め、政治の改革をおこなっていこうということだ。が、江戸城内に勤めている武士たちにはそんなヒマもないし、これからやってもらわなければならない仕事がたくさんある。そこで、自分が和歌山から連れてきた

人間たちをそういう役に充てれば、江戸城内の役人たちも自分たちの領域を荒らされないから、安堵感を持つだろうと考えた。しかし吉宗自身も、

「この方法は両刃の剣だ」

ということは知っていた。使い方を誤れば裏目に出る。そのため、お庭番の連中には懇々とこのことをいい含めた。

「少なくとも、江戸城内に勤める役人たちの悪事をおまえたちが暴くようなことはするな。あくまでも民からの声を重視しよう」

と命じた。

お庭番たちは活躍しはじめた。そして戻ってきて、江戸城内の庭木をいじったり池の鯉にエサをやったりしていると、吉宗が建物の縁から降りて近づいてくる。そして、

「どうだ？　ツツジの花は咲くだろうか？」

とか、

「あの鯉はいったいどのくらいの年齢になるのかな？」

などと話しかける。お庭番は、

「さようでございますな。今年は気候が不順でございますので、五月半ば頃になればツツジも咲くでしょう」

とか、

「あの鯉はこの池の主で、人間にすると百近い歳になるそうでございます」

などと答える。そして声を低め、

「江戸の何とかという町で、何とかという人間がこういうことを申しておりました」

と、本来与えられた役目に対する報告をする。吉宗はのんびりと池の鯉を眺めながら、

「ホウ、そういう意見があるのか。なるほど。参考になる。ご苦労」

とうなずく。

吉宗が始めた画期的な方法に、

「目安箱の設置」

があった。投書箱である。これは江戸で初めておこなったような印象を持たれているが実はそうではない。吉宗が和歌山の藩主であった時にすでに実行している。全体に、吉宗の江戸城における改革の内容は、そのミニチュア版がすべて紀州和歌

山でおこなわれてきたものだ。その実績を踏まえて、吉宗は修正を加えながら享保の改革を実行したのである。

和歌山城でも和歌山市民から直接意見を聞いて、それを政治に役立たせてきた。しかし江戸城の評定所前に設けた新しい目安箱に対しては、かれはつぎのような方針を立てた。

・住所氏名を明らかにしない匿名の投書は受け付けない。
・個人的な批判や自分の不平不満は受け付けない。
・あくまでも徳川政治はどうあるべきか、江戸の生活はどう改善されるべきか、建設的な意見に限る。
・目安箱の鍵は吉宗自身が持つ。間で開けることは許さない。従って、投書者は思いきった意見を出してほしい。

しかし実際には、内容が内容だけに信頼する江戸町奉行の大岡越前守とは、ひっそりと投書を読み合ったことだろう。

そしてこの投書の中から、のちに「吉宗の事跡」とか「大岡越前守の功績」と呼ばれるような事業が生まれてくる。

先に書いた江戸市内所々に桜の木を植えさせたのも、この投書箱から生まれたものだ。投書者はこういっていた。

「あなたの改革は少しみみっちい。もう和歌山藩主ではなく日本の国主なのだから、もっと大きな視野と識見を発揮してほしい。いまやっていることをみていると、どうも和歌山城でおこなったことをただ大きく広げておこなっているような気がする。江戸は一国の首都であり、政治の中心なのだからそういう壮大な気持ちを持っていただきたい。財政難だからといって、和歌山城でやっていたような倹約ばかり市民に押しつけると、市民生活が暗くなってしまう。江戸っ子は、なんといっても将軍のあなたのお膝元に住む住民だという誇りがあり、他の城下町に住む人間とは意識が違う。このへんをお考えいただきたい。従って、江戸っ子にも少しは楽しみを与えるべきだ」

吉宗は総体的に、投書箱に投げ込まれた意見に対して、

「これはくだらない」

とか、

「こんなことをいってきて」

などと怒ったことはひとつもない。かれは、部下に対してもあまり大声を出さなかったという。ほとんどニコニコ笑っていて、スポーツマンらしさを発揮していた。

また投書の中には、

「江戸の町では、貧富の差がはなはだしい。とくに身寄りのない老人が病気になると、そのまま捨てられてしまってのたれ死にをしている。みるに忍びない。幕府の援助で、適当な場所に収容施設を作ってほしい。そして医者が必要なので、もしよろしければわたしがその任に当たる」

などという意見を寄せた医者もいた。小川という人物である。吉宗は感心した。すぐ町奉行の大岡を呼んで、

「この意見を実行せよ」

と命じた。大岡は小石川（文京区）に老人の療養施設を建てた。小石川養生所と呼ばれた。

初代の所長は投書した医者である。この人物がのちに小説や映画の〝赤ひげ〟になった。

これが明治維新後、東京市立養育院（現東京都養育院）となった。

「和魂洋芸（才）」ということ

改めて徳川吉宗を書く目的は、彼が、

「いわゆる〝日本式経営〟を見直した経営者」

だからである。日本式経営を見直したというのはどういうことだろうか。多くの経営者や外国人が、

「日本式経営は古い」

ということから、この見直しがおこなわれているが、ここでいうのは必ずしもそういう立場に立ってのことではない。見直すというのは、

「もう一度、初心・原点に戻って、事柄を見つめ直す」

ということだ。もしも、いま向き合っている事柄に対して、すでに手垢のついた先入観や固定観念が生まれているとすれば、それを全部洗い落として、素材の段階にまでその事柄を戻してみようということだ。

日本式経営についても同じことだ。いままでおこなわれてきた日本式経営がそのままいま通用するということではない。

「日本式経営も、長い年月を経ているうちに、いろいろとサビやアカがついて原材

料のよさを見失っているのではないか」

ということだ。

幕末に、多くの先覚者たちが、

「和魂洋芸（才）」という言葉を使った。和魂というのは日本人の精神のことである。洋芸（才）の芸（才）というのは、芸能や芸術ということだけではない。むしろ、

「西洋のすすんだ科学技術やその理論」

ということだ。なんといっても鎖国を長く続けたので日本人は海外の事情に疎《うと》かった。確かに、長崎港が開かれ中国とオランダとはずっと交流を続けてきたが、この二つの国がもたらす情報は必ずしも新しいものではない。つまり、自分たちの国にとって貿易上都合のいいことだけを日本に吹き込んだ向きが絶対にないとはいえない。とくにオランダは、イギリスのリバプールから起こった産業革命によって、イギリスの生産力が増大したことを知っていた。同時にその産業革命がアメリカにも移り、アメリカでは綿製品を主に工業力を伸ばしていることも知った。その意味ではオランダはかなり、生産面では遅れをとりはじめていた。オランダがやってきたのはいわゆる〝仲介貿易〟である。他国で生産された品物を日本に運んできて、

高く売りつけた。そして日本の製品を買い込んで、今度はヨーロッパで高く売った。近江商人が天秤棒を担いでおこなっていた〝ノコギリ商人〟であった。

しかしそれも限界にきた。というのは、生産国であるイギリスやアメリカなどが、直接東南アジアをマーケットとして貿易に乗り出したからだ。オランダはインドに拠点をかまえ、これを東インド会社として活用していたが、イギリスもフランスもアメリカもどんどんアジアに進出し、拠点を設けた。このころの列強の貿易対象は、主として中国だった。日本はまだそれほど重視されていない。せいぜい、中国への航海で燃料や食料が足りなくなった時の補給地だ、というくらいに考えられていた。

アメリカのペリーがやってきた時も、初めから日本と貿易をしようと思ったわけではない。ペリーの目的は、

「アメリカが中国と貿易をする上で、航海途上で燃料や食料が不足したり、あるいは船の中で病人が出たりした時に日本を活用しよう」

という程度のものであった。だから日本の開国は二段階にわたっておこなわれた。最初は「和親条約」であり、そのつぎにおこなわれたのが「通商条約」であった。和親条約というのは、単に、

「お互いに仲良くしましょう」

ということであって、貿易を頭に置いてはいない。通商条約の締結によって初めて貿易がおこなわれるようになった。日本に来てアメリカも、初めて、

「この国にも市場価値がある」

と考え直したからだ。

新しい時代に応じるトップの決断

徳川吉宗がおこなったのは、まさにこの、

「和魂洋芸」

の展開である。どんなに精神的に質の高い内容を持っていても、科学技術の面においてはとうてい当時は外国にはかなわなかった。吉宗が外国の文明に目を向けたのは、素朴な疑問からである。最初に彼が目をつけたのは「暦」であった。たとえばそのころの暦に、

「きょうは日食がある」

とか、

「きょうは月食がある」

　などと書かれている。ところが現実にその日になっても、月食も起こらないし日食も起こらない。吉宗は素朴に、

「いったいこの暦はどうなっているのだ？」

　と思う。脇の者に、

「暦にはきょう日食があると書いてあるが、何も起こらないではないか」

　と聞く。脇の者はそんな知識がないから、

「はあ、さようでございますか」

　と、てんで関心を示さない。吉宗は大変に研究熱心な将軍だったから、そのままにはしない。かれは、そういう方面に知識のある学者を呼んで、

「この暦は不正確だ。なぜこういうことが起こるのか、原因を調べろ」

　と命ずる。学者は調べてくる。こういうことが分かった。それは、
・日本で使われている暦は、すべて中国の天文学や暦学に基づいている。
・ヨーロッパの天文学や暦学は応用されていない。
・なぜなら、日本は中国とオランダと交流をおこなっているだけで、他の外国とは

交流していない。とくに中国からは儒学の本が多く入り込んでいるので、天文学や暦学の本も儒学と関わりがあり、中国からの書物がほとんどだ。

これを聞いた吉宗は考え直す。

「中国の天文学や暦学だけで、この地球上のできごとがすべて解明できるのだろうか？」

そこで吉宗は、毎年かれのところにきて挨拶をし、たくさんの珍しい品物を献上するオランダの商館長に尋ねる。いままでの将軍だと、オランダの商館長が訪ねてきても、江戸城の応接室で将軍は御簾《みす》（すだれのようなもの）をたらしたままで、間接的に商館長と会う。言葉のやりとりはしない。

ところが吉宗は違った。御簾を巻き上げて直接オランダ商館長と向き合った。そして通訳を通じていろいろなことを聞いた。最初は手始めに、目の前でオランダ人の食事のやり方をみせてもらった。オランダ商館長は、ナイフやフォークやスプーンを使って食事をしてみせた。

また、外国から珍しい動物を庭に引き連れてきた。吉宗は好奇の目を見張った。吉宗はオランダ商館長に頼んで、その後日本にいない動物を輸入した。たとえば、ヒクリドリ・ジャコウネコ・クジャク・ダチョウ・シチメンチョウ・ガチョウ・インコ・ベニスズメ・ブンチョウ・キュウカンチョウ・ワシなどである。他に、日本の種類にないイヌやウマも輸入した。ゾウも連れてこさせた。

ゾウについてはおもしろい話がある。長崎から江戸へ来る途中で、京都の天皇がこの話を聞いた。京都はもともと海から遠いから外国事情に疎い。そのため幕末に、「攘夷論」が起こった時、天皇はじめ京都の公家たちは、みんな、

「攘夷だ、攘夷だ」

と騒いだ。これは、海と全く無縁な京都に御所があったためだ。そのため京都御所の人々は、

「外国人は、天狗か鬼のような存在だ」

と思いこんでいた。吉宗は全く違った。

ゾウが京都御所に連れてこられたが、京都御所の役人たちは妨害した。それは、

「官位がなければ、天皇に会うことはできない」

というのである。そこで幕府側は考えて、

「それならゾウに、天皇がごらんになる日だけ官位を与えればいいではないか」

といった。そこでゾウに正五位だか正四位だかの位が授けられた。ゾウがこんな位をもらったのは初めてだ。

このように好奇心の旺盛な吉宗は、やがていまの幕府の方針にも変えなければならないことがあるのを発見した。

それは、寛永年間に島原・天草でキリシタンの一揆が起こって以来、日本は国を閉じてしまったからである。

目的はあくまでも、「キリシタンの禁止」ということであったが、そのため、とくに旧教国のイスパニア（スペイン）やポルトガルとの交流がとだえていた。オランダがなぜ残ったかといえば、オランダ側が、

「同じキリスト教国でも、オランダは新教国であって、イスパニアやポルトガルと違って、古いキリスト教とは違う国だ」

と主張したからである。オランダの主張するのは、

・古いキリスト教国は、最初にまずバテレン（パードレのなまったもの。パードレは神父の意味）が来る。そして宗教活動をおこなって地域住民を飼いならす。

・そのあとに必ず商人と軍隊がやってくる。

・やがて、軍隊がその地域を占領し、しだいにその触手を伸ばして、その国全体を自国のものにしてしまう。
・フィリピンやメキシコがいい例だ。
こういうことをいった。徳川幕府はそのことを信じた。そこで旧教国であるイスパニアやポルトガルと断交してしまったのである。

吉宗は考えた。

「たとえ外国の書物といっても、キリスト教と関係がない科学書ならばいいのではないか」

これは正しい。そこでたくさんの洋書が輸入されることになった。しかし幕府の役人たちの中にはまだ頭の固い人間が多かった。そこで吉宗がせっかく、

「外国の書物をどんどん日本に輸入せよ」

と命じても、すぐには応じなかった。彼らは相談して、

「洋書をいきなり入れるのは危険だ。それにまだ洋文字の読める学者が少ない。まず、洋書を漢訳化したものを輸入して、こてしらべをしよう」

ということになった。当時そういう本があった。つまり外国の書物を漢文に訳し

たものがたくさんあったのである。これを輸入した。吉宗は必ずしも満足しなかったが、

「まあいいか」

と容認した。

こうして、間接的な翻訳ではあっても外国の書物が日本に入るようになった。吉宗がつぎに考えたのが、

「書物は理論だけしか書かれていない。実際にこれを使うとなれば道具がいる」

ということである。

改革はすべからく漸進法で

徳川吉宗の改革の根本は、

「発想の転換とその実行」

であった。しかし、だからといって吉宗は、この発想の転換をいきなり急激に実行しようとは考えなかった。吉宗はこう考えていた。

・発想の転換そのものが、すでに根本的な変革をもたらす。

・人間というのは、どんなに新しいことをいっても基本的には保守的だ。総論賛成各論反対というクセがある。いやなことは自分のことになれば必ず嫌う。歓迎はしない。
・そういう状況があるのにも拘わらず、改革者が強引に自分の新しい方法を押し付ければ、反対者や対立者を生むのが関の山だ。
・改革というのは、改革者の考えを鵜呑みにさせて実行することではない。組織人全員が自分を変えて、改革者の理念に協力することである。
・そうなると、やはり急激に変化を与えることは好ましくない。漸進《ぜんしん》法でいくべきだ。

このことはかれがいままでやってきたことを振り返ってもよく分かる。江戸城に将軍として入っても、かれはすぐ組織の大幅な改革や、大規模な人事異動はおこなわなかった。自分の方から、

「到底あなたにはついていけません」

といって、辞任する者は止めなかった。しかし吉宗の方から、

「おまえはわたしの改革には向かないから、辞めて欲しい」

ということはいわない。

だからといって、組織と人をそのままにしてあったわけではない。漸進法でいくつかの新しい方法は試みた。つまり、重役である老中たちに口頭試問をしたのもそのひとつ。大奥の改革もそのひとつ。また、〝お庭番〟という報告者制度を持ちこんだのもそのひとつ。さらに目安箱を設けて民意を行政に反映させたのもそのひとつ。しかし、全体的にはいままでの組織と、その組織のポストについている人間たちを温存した。吉宗が期待したのは、

「組織もポストもそのままにしておくけれども、仕事の仕方がいままでのままでいいということではない。わたしの改革理念に沿うように、自己改革をおこなって欲しい」

ということである。従って、吉宗のこの気持ちを察して、積極的に自分を変えていった者だけが吉宗の改革の協力者だといっていい。いつまでも吉宗のやりたいことが分からず、

「上様（将軍のこと）は、いったい何をお考えなのだ？」

と、スタートの時点でまごまごしているような者は、吉宗は置いてきぼりにして

しまう。置いてきぼりにされた者は、やがて周りにいた者がどんどん吉宗と一緒に前に行ってしまったので、一人ぼっちになったのを知る。そうなると、

「このままでオレはいいのだろうか？」

という疑問を持つ。吉宗は、

「それでもいいのだ」

と思っていた。

子供の「なぜ？」の心で

伝えられるところによれば、徳川吉宗は在任中に一度も大きな声を出して人を叱ったことがなかったという。かれは大きな身体で、なかなかのスポーツマンだったが性格は明るかった。しかし、言葉つきは優しく大声を上げたことはほとんどないという。その点、将軍としては出色の人柄だったようだ。でなければ、改革に人々がついていくはずがない。リーダーシップというのは、よく物の本に書かれているような条件だけではダメだ。理屈にならない何ともいえない魅力がなければ人はいうことは聞かない。吉宗には他人にそうさせるものがあった。

本来なら、いきなりオランダ語の本を持ちこんで、そこに書かれていることを理解したいと願ったのが吉宗の本当の気持ちだった。しかしかれは、ここでも漸進法をとった。それはそれまでの徳川幕府が、基本的な方針として中国の本を尊重し、中国とは依然として貿易を続けてきたからである。中国はオランダに比べて隣国だ。そして日本の文化や生活技術に大きな影響を与えた。とくに徳川時代に入ってからは、武士の心構えの基本はすべて儒学である。そういう恩になった国を振り捨てて、いきなりオランダに傾倒するわけにはいかない。やはり恩になった中国を尊重せざるを得ない。そうなると、

「オランダのことを学ぶのに、中国を活用できないか」

という融和策、あるいは折衷策が必要になってくる。そこでたまたま、

「オランダの本を中国語に訳したもの」

があったことに着目したわけだ。

「これなら中国もいきなり文句はいうまい」ということだ。しかし、やや間接的でまどろっこしい。

というのは、訳文というのは、訳者の考えがかなり入るから、場合によっては直

接訳でなく〝意訳〟になることがある。そうなると、

「原著者は本当にこういうことをいったのだろうか？」

という疑いが湧くこともある。しかし吉宗は、

「当分の間はしかたがない」

と考えた。

こうして、間接的な翻訳ではあったがオランダの書物がどんどん日本に入るようになった。そうなると吉宗は、

「理論だけではダメだ。実際に書物に書かれたことを証明するのには、やはり道具が必要だ」

と第二段階に入る。このへんも吉宗の特徴だ。つまり、かれは一段一段慎重に積み重ねをしていくやり方で、いきなり底辺から頂点に飛び上がるようなことは絶対にしない。

が、道具については書物と違って、オランダの原品を中国が翻訳品にするなどということはあり得ない。これは直接手に入れるしかない。

そこで吉宗は、オランダ商館長に頼んで、望遠鏡や天体測量器具、あるいは雨量

計などをどんどん買い込んだ。吉宗自身も科学精神が旺盛だったから、すぐ神田佐久間町に天文台を設けさせた。天文方役人という新しいポストをつくり、専門家を任命した。

またかれ自身も江戸城の庭に雨量計を備えて、雨が降ると観測した。そして漢訳化された外国の本を読みながら、

「これだけの雨量があると、どこどこの河川に洪水が起こる」

と予測した。驚いたことにこの予測が結構当たった。世間はあきれた。

「いまの公方様はまるで占いのようなことをなさる」

こういうように吉宗の科学精神は旺盛で、文字通り幕末の「和塊洋芸」を、すでにこの段階で展開していたのである。前にも書いたが、

「和塊洋芸」というのは、

「日本人の精神を失わずに、外国の科学知識やその技術を応用する」ということだ。

吉宗のこの好奇心のルーツをたどれば、結局それは、

「子供の心に戻って物事をみつめ直す」

ということである。子供は好奇心が強い。そしてまだ深い知識がない。だからす

ぐ分からないことがあると、大人に、

「これはなぜ？」

と聞く。吉宗も同じだった。吉宗は日本で当時使っていた暦をみて、日食や月食が起こると書いてあっても実際に起こらない。だから、

「なぜこの暦に書いてあることが実際には起こらないのか？」

と考える。これは子供の心だ。大人のように、

「起こらないから起こらないのだ」

と投げやりな気持ちを持ったり、

「たとえ日食が起こらなくてもそんなことは、自分の生き死にに関係はない、大したことじゃない」

と、問題の本質に対して無関心であったりはしない。あくまでも追究してゆく。だから吉宗は暦が役に立たないからといって、投げ捨てたりそのままにしたりは決してしなかった。かれは、
・この暦はなぜ不正確なのか。
・暦が不正確なのは、暦の基になっている学問が不正確だからではないのか。

・その学問というのはいったい何なのか、天文学や暦学だろう。
・日本で使っている暦の源になる学問は、どこの国の天文学や暦を応用しているのか。

ボトムアップシステムの活用

例によって得意なこういう段階的な考え方をしていく。そして自分に分からないことはすぐ専門家を呼ぶ。このへんが吉宗の良いところだ。

「何でも自分でできる」

などとは決して思わない。つまり自分をパーフェクトなどとは思わない。

「自分はいろいろやりたいことや知りたいことがある。しかし自分のいままで勉強した知識ではそういうことは分からない。それならその空いている部分を専門家によって埋めてもらうべきだ」

という謙虚な気持ちを持つ。これが吉宗の良いところである。

吉宗におけるこの、

・すべて子供の気持ちに戻って、初心・原点の段階から物事をみつめ直すこと。

・自分をパーフェクト（完全な存在）と思わずに、分からないことは専門家にどんどん聞くこと。

ということは大切だ。このことは別な言葉でいえば、それぞれの方面におけるプロを活用するということである。となると、プロが生きがいを感ずる。また多くの人材が発見される。

同時にかれが、このことを政治の面にも転用して、

「自分は日本国の政治を預かるトップだが、決して完全体ではない」

という謙虚な気持ちにつながっていく。これは現代の経営に即していえば、

「自分はトップだが完全ではない。何もかもできるわけではない、不足する部分は部下が補って欲しい」

という気持ちになる。

これが、社員の経営参加に結びついていく。あるいは提案制度などというボトムアップシステムも活用されることになる。徳川吉宗の有名な、

「目安箱」はそのひとつだろう。

政治のトップに立っていても、必ずしも国民が求めているニーズを全部把握して

いるわけではない。そんなことができるわけがない。そうなるとそれは自分の部下にマーケティングをやってもらうことも大切だが、同時にまた国民側から、

「こういうことをやって欲しい」

と、直接意見を出してもらうことも必要だ。

その意見箱が目安箱であった。これは江戸城の大手門に備えられた。吉宗が直接鍵を持っていて他の人間には開けさせないようにした。いまでいえば、これは国政の担当者と国民とが直接結びつく民主主義的手法である。

名将と名参謀がいて、はじめて実現すること

徳川吉宗が江戸城の大手門の前に設置した「目安箱」は、単に聞きっぱなしにはしなかった。市民が寄せた意見の中で、これはいいと思われるものはどんどん実行した。たとえば前に書いた、

「身寄りのない老人が病気にかかると、野たれ死にをしてしまいます。収容施設をつくってください」

という町医者の意見にはすぐ対応した。小石川に、養生所というのをつくり、身

寄りのない老人たちが収容されたり、あるいは毎日診療を受けに通ってこられるようにした。収容費はもちろんただである。この養生所が、現在の東京都養育院に発展している。また、

「あなたの改革は江戸の市民を憂鬱にさせています。少しは心が豊かになるようなこともしてください」

という意見には、飛鳥山や墨田堤や小金井にたくさんの桜の木を植えた。そして、四季折々の市民のレクリエーションの場とした。また、五代将軍徳川綱吉は〝犬将軍〟と呼ばれたように、犬を非常に大事にした。そのため犬を飼っている人たちは、少しでも犬をいじめるとすぐ牢屋にいれられてしまうので飼うのをやめた。いきおい江戸の町には野良犬が増えた。徳川幕府はしかたなくこの犬を、いまの東京都中野区に、十万坪の土地を探して大規模な犬小屋をつくった。エサ代が大変だった。

やがて綱吉が死んで、このバカバカしい法律が廃止されると、広大な犬小屋の跡地がそのまま荒れ地化した。そこで吉宗はここに目をつけた。桃の木を植えさせた。やがて桃の木は育ち春になると花を咲かせ、また実をつけた。付近の人はいつの間

にかこの土地を、

「桃園」

と呼ぶようになった。現在も地名として残っている。

これらの仕事は、すべて名奉行といわれた江戸町奉行大岡越前守が実行したものである。その意味では、吉宗・大岡コンビは、江戸市民のためにかなりいいことをおこなった。それもこれもすべて吉宗が設置した「目安箱」に投げこまれた、市民の意見を重んじたためである。

かつて羽田元首相が設けた「目安箱」は、後任の村山元首相も、

「目安箱は継承する」

と宣言した。しかし、当時の政府が、この目安箱をどう活用しようとしたかは必ずしもはっきりしていたわけではない。ある新聞社がおこなったこの目安箱の追跡調査によると、

「ほとんど無視黙殺されている」

という結果も出ていたようだ。もちろん寄せられた意見の中にはあまり建設的ではなく、たいして役に立たないものもあったようだ。しかしそれはそれで、ひとつ

のやむを得ない事情がある。

というのは、いまの国家には、いわゆる「企画」や「計画」をまとめておこなうセクションがないからだ。つまり〝企画省〟や〝計画省〟が存在しない。

インプットとアウトプットの戦略

企業には現在、企画室とか計画部とかいうような〝戦略セクション〟がある。これは、インプット（入力）とアウトプット（出力）とを大切にして、そのフィードバックによってマーケティングをおこない、客のニーズをつかんでそれをどう事業化するかという戦略を立てる。

最近は、これが「社長室」の機能の一部になっている会社も多い。それほど企画や計画は事業経営の戦略として大事だからだ。これが入力や出力に絡むのは、入力というのは情報収集であり出力というのはＰＲになるからだ。社長室にこういう機能をおいたのは社長自らが自社の戦略に深くタッチするということであり、同時にそれが会社の事業運営の根幹になるからである。

しかし、残念ながら現在の政府省庁には、

「日本の国をどうするか」

という、まとまった企画を立てる計画セクションが存在しない。本当に「目安箱」を活用するなら、省庁再編成で企画省や計画省といったものを設けることも必要ではなかろうか。そうしないとせっかくまじめに、

「日本をこうすべきだ」

という意見を出した国民の気持ちも、ないがしろにされてしまう。

その点、徳川吉宗は自分の方から、

「きょう目安箱に投げこまれた意見の中で、すぐ政治に活かせるものはないだろうか」

という関心を持ち、毎日目安箱の鍵を開けるのを楽しみにしていた。そして、できるものはどんどん実行に移したのである。

吉宗の時代は鎖国時代だったが、部分的には洋書を解禁し、すぐれた洋芸品（外国の文明品）が、どんどん日本に入ってくるようになった。国民生活もかなり変わってきた。

同時に、吉宗の政策によっていままで埋もれていた科学者や、いろいろな特別技

能者が働く場を得た。名も得た。こうなると、社会全体が活性化してくる。

吉宗が関心を持ったのは、こういう外国の科学面だけではなかった。つまり、

「何でも外国にかぶれればいい」

ということではない。かれが考えたのは、

「外国の品物を日本で生産することはできないか」

ということである。いまの言葉を使えば、

「輸入品の国産化」

であった。

きっかけは国内事情によった。吉宗は、

「米将軍」

と呼ばれていた。かれが自分の経済政策として、

「日本の経済は米を中心に考える。米の価格を安定させれば他の価格も安定する。したがって他の物価は、米の価格によって決められるべきだ」

と主張していた。いわゆる米経済であり、いきおい〝重農主義〟になる。

これは徳川時代は明治維新まで、幕府や大名家の毎年の予算の単位が「石《こく》」で示

されていたことによってもよく分かる。武士の給与も「石」という単位で支給されていた。石というのは米の収穫量を指す。

しかし本当のことをいえば、すでに幕府初期から貨幣経済が振興していた。従ってこういう考え方は古い。が、江戸時代の武士社会には、中国からきた儒学の影響が強かった。

「士農工商」

という身分制はそこからきている。つぎのように分類されていた。

・士　国民のための政治をおこなう存在。
・農　国民の食料その他を生産する存在。
・工　農民の使う農耕具や、国民生活に必要な工具を生産する存在。
・商　自ら何も生産することなく他人が生産したものを動かすことによって利益を得ている存在。

こういう考え方から、

「国民の中でも、士から農作物を生産する農民は武士のつぎに尊い。商人は、生産者ではないから一番軽い存在だ」

という発想につながった。これがいわゆる〝身分制〟の根本思想である。そのため、商人は社会の一番低い場に位置付けられてしまった。

「重農賤商主義」

はこうして始まった。

ところが実際には、お金の経済が振興し、お金が通貨として流通している。ところが負け惜しみの強い武士階級は、商人の経済活動や、世の中に流通している貨幣を認めることができない。だからどんなに貧乏しても、

「武士は食わねど高楊枝《たかようじ》」

などという負け惜しみをいっている。

徳川吉宗は歴代の将軍の中では最も開明的な考え方を持っていた。いままで書いただけでも、かれの積極的な〝リストラ〟は、単なるケチケチ主義ではない。しめつけ一方ではない、新しい事業もどんどん興したし、また拡大再生産もおこなっている。そのために不足する資金を、かれは倹約によって生もうとしていたのだ。正しいリストラの方法である。

しかしそのかれにしても武士階級に根づいたこの、

「重農賤商主義」

を打ち破ることはできなかった。

武士階級は、

「商人と、貨幣経済の流通を野放しにすると、武士社会が根底から覆る」

と考えていたのではなかろうか。この、

「重農賤商主義」

は、場合によっては今日でもその痕跡を残している。いわゆる、

「商人悪徳視」

や、

「商人は、ぼろ儲けばかりしている」

といういい方がそれだ。この屈折した心理は、現在でも完全に払拭されたとはいえない。その根源はすべて江戸時代の「士農工商」という考え方にある。

だからといって、一番大事にされるべき農民が必ずしも優遇されていたとはいえない。徳川幕府の方針は、

「農民は生きぬように死なぬように」

という暮らしぶりを強制した。そして陰では、

「農民は菜種油と同じだ。絞れば絞るほど油がとれる」

といわれた。いってみれば農民の存在は、今日でいえば「税源」として考えられていた。まさしく菜種油と同じように絞れば絞るほど税がたくさんとれると考えられたのである。


徳川吉宗はすぐれた改革者だったが、こういう農民の扱いに対してどれだけの愛情を持っていたかどうかは疑問だ。


かれの時代は財政がかなり緊迫していた。いってみれば、五代将軍徳川綱吉による元禄の放漫財政、垂れ流しの始末を吉宗はしなければならなかった。そうなるとやはり、

「徳川家の増収策」

を考えなければならない。そのために吉宗は、日本国内にかなり新田開発を積極的におこなった。現在でも各地に残っている〝新田〟という名は、この吉宗の時に開発された地域が多いという。


しかし吉宗の新田開発も、必ずしも農民の生活を豊かにするものではない。やは

り、

「徳川家の収入を増やしたい」

という発想に基づいている。

もうひとつ、日本は狭い国だがいろいろな異変が起こる。不測の災害が起こる。天候の異変、長雨、冷夏、あるいはイナゴの発生などがしばしば起こった。そうなると米は絶滅する。農民がいかに努力しても、これは抵抗できない。当時、食料は輸入していない。国内の産品でも自給自足だ。たちまち国民は飢餓状況に追い込まれる。米を買おうにも、値段が高騰して手が出せない。こういう年は必ずたくさんの餓死者が出た。

攻めのリストラとは?

徳川吉宗の〝米経済〟重視政策は、二つの問題を含んでいた。
・ひとつは、米が主食になっているということ。
・米が主税(現在でいう所得税や法人税などのような、主要な税目)になっていること。

この二つだ。米が不作になれば、国民は食糧難に苦しむ。吉宗の時代にも、しばしば農村に不作状況が起こった。こういう時は、消費都市である江戸・大坂・京都などでは、搬入される米がないから、米高となり、やがては餓死者が出てくる。吉宗は何度もこういうことを経験した。そしてそのたびに、

「米に代わる食料が必要だ」

と考えていた。そこでかれが米の代用食として国内栽培を命じたのが、サツマイモであった。

これはかれの腹心で、江戸町奉行を務めていた大岡越前守が主力になって努力した。大岡は、自分が面倒をみていた青木昆陽《こんよう》という学者に、サツマイモを栽培させた。栽培地は千葉県内である。そのため昆陽は、やがて、

「サツマイモ先生」

と呼ばれるようになった。

サツマイモはその名の通り、もともと薩摩（鹿児島県）国から伝わってきた。しかし薩摩の特産品ではない。薩摩藩は琉球（沖縄県）から輸入したものだ。そして琉球は中国から輸入した。

サツマイモの輸入と同時に、砂糖も輸入された。西南の列島ではサトウキビの栽培が盛んだった。吉宗はこれにも目をつけ、サトウキビの栽培や砂糖の生産にも力を入れさせた。

やがてかれは、中国から輸入されている漢方薬にも目をつけた。かれは、

「漢方薬は確かに効き目がある。しかしその薬の元になる薬草も中国から輸入している。きちんとした草が日本に入るのなら何もいわない。ところが輸出業者や、仲介業者の中に悪いやつがいて、薬にも何もならないようなただの草まで混入させている。こういうことをみると、自分は改めて日本国内で地理地形が中国と同じような状況であれば、そこにはわれわれが気づかなくても、薬草になるような草が生えているのではないかとさえ思えてくる。これは正しいのではないだろうか?」

と考えた。これによって漢方薬の元になる薬草探しや、それが発見されればその土地で薬草の栽培を奨励するような政策が生まれてくる。そうすることによって、現在でいう、

「それぞれの地域の活性化」

が可能になるのだ。薬草栽培によって、その地域は豊かになる。同時に、中国産

の漢方薬や、あるいは朝鮮人参などの国産化が可能になる。当時、日本国内ではこれらの薬が高かったので、それを手に入れるためにたとえば娘が花街に身を売らなければならないような悲劇さえ起こっている。

「そういう悲劇も、少しは減らせるのではないか」

吉宗はそう考えた。

江戸の三大改革に学ぶリストラ術

江戸時代には大規模なリストラが三回あった。徳川吉宗がおこなった享保の改革と、白河藩主松平定信がおこなった寛政の改革と、浜松藩主水野忠邦がおこなった天保の改革である。寛政の改革も天保の改革も、

「享保の改革をお手本にしよう」

と志した。それほど徳川吉宗の享保の改革は、いまの言葉を使えば、

「本当のリストラクチャリングだ」

と考えられていたのである。本当のリストラクチャリングというのは、単に減量経営だけではなく、

「様変わりした状況下における、客の新しいニーズに的確に応えていく」

ということだ。このことは、
・企業はあくまでも「客のためにある」という、経営者の責任を果たすこと。
・減量経営をして倹約し、余剰金を生むのは、単なる赤字減らしではなく、その経営責任を果たすための拡大再生産あるいは新規事業興しの資金として使うこと。
ということである。はっきりいえば、

「不況下でも、怠ることのできない拡大再生産や新規事業興しをおこなうために、ゼイ肉を思い切って落とす」ということだ。

享保の改革は、吉宗を中心として勝手掛老中を務めた岡崎藩主水野忠之と、江戸町奉行大岡忠相が補佐した。水野忠之は当時の大名としては、経営感覚や金銭感覚に優れていたので、とくに吉宗が登用した人物である。

寛政の改革を展開した松平定信は、徳川吉宗の孫である。そして天保の改革を推進した水野忠邦は水野忠之の子孫だった。

いってみれば、寛政の改革も天保の改革もそれぞれ吉宗と水野の子孫が展開したといっていい。もっと乱暴ないい方をすれば、

「江戸時代の三大改革は、すべて徳川吉宗とその家臣の子孫でおこなわれた」

といえる。いわば江戸時代の三大改革は、吉宗一家の産物であった。

だから、松平定信や水野忠邦が、

「吉宗公の享保の改革をみならおう」

と考えたのも、そういう親近感があったことも関係しているだろう。つまりかれらにすれば、

「祖先の名を辱しめないように、一所懸命努力しよう」

という気持ちの奮い立ちがあったのである。

このことは、現代でも意味を持っている。それは、

「経営政策の継続性と連続性」

ということである。

民間企業も同じだろう。つまり、前代までのトップがおこなってきた経営政策は、必ずその大半ないしは一部が継続性・連続性を持って引き継がれているはずだ。新進気鋭のトップは、

「前代のやったことを全部覆すこと」

が、自分らしさを発揮することだと錯覚を起こす。確かに前代までにおこなわれた経営政策の中には、様変わりした時代に適合しないものもあるだろう。そういうものは改めなければならない。しかし、

「何をモノサシにして改めるか」

ということになれば、当然それは、

「目下《もっか》の客のニーズ」

が、ひとつの基準になるはずだ。つまりその企業に対し、客がいま、何を求めているかを的確にキャッチし、その需要を満たすことが経営体の任務のはずだ。

「自分らしさを発揮してみせよう」

と格好をつけ、意気がって、何でもかでも前の人間がやっていたことをひっくり返すのは決して良いことではない。

徳川吉宗の改革にはいままでみてきたように、

・倹約という引き締め策。

・外国の文物を輸入したり、あるいは国内資源に付加価値を与えようとする積極政策。

の二つがあった。

しかし、寛政の改革を展開した松平定信や、天保の改革を展開した水野忠邦の経営政策は、どちらかといえば前者だけに絞られていた。つまり「減量政策」だけをおこなった。これはリストラの一部をおこなったのであって、全部をおこなったことにはならない。そして、あまり締めつけばかりおこなうと国民生活は暗くなり、第一それをおこなっている徳川幕府の組織や人そのものもだんだん暗くなってくる。結果、改革は失敗する。寛政の改革も天保の改革も、国民に飽きられた。寛政の改革責任者松平定信は、つぎのようなからかいの歌を詠まれた。

白河の　あまり清きに耐えかねて（清きに魚も住みかねて）、
　にごれるもとの田沼恋しき

また天保の改革の推進者水野忠邦は、失脚したその日に数万の江戸市民から石をぶつけられた。こんな例は日本の政治史上例がない。つぶてで追われた政治家はかれ一人である。

だからといって、松平定信や水野忠邦が志した徳川吉宗の享保の改革が、すべて成功していたわけではない。この改革も基本的には失敗した。なぜか。それはやはり吉宗が最後まで、

「米経済」

にこだわったからである。

「米の価格を安定させれば、他の物価も安定する」

ということを貫き通したかれの経済理論がどういうものであったかシロウトであるわたしにはよく分からない。ただそのことは、現実に進行していた貨幣経済との間にいよいよギャップを大きくし、その矛盾が拡がってやがては明治維新を招き寄せてしまうのだ。やはり、中国から入ってきた「儒学」の影響が強かったといわざるを得ないだろう。

その結果、

「米は安いけれども、他の物価が非常に高い」

という〝米安物価高〟という現象を生んでしまう。

この価格調整は米にこだわるかぎりできない。結局経済政策に失敗して吉宗も引

退する。

あげくの果てに、消費都市江戸で米騒動が起こった。悪徳米商人が打ち壊しにあって店を壊され、米を強奪された。治安の責任者は江戸町奉行大岡越前守である。大岡はこの責任をとって町奉行を辞めた。

老中水野忠邦も、責任をとって共に辞職してしまう。米というのはそれほど怖い。米が怖いのではなく貨幣経済に逆らう米経済の矛盾が怖いのだ。

跡継ぎをどう育てるか

そう思うと、吉宗の後の時代に江戸時代でも珍しい経済の高度成長をもたらした、老中田沼意次《おきつぐ》の仕事はそれなりに評価していい。

田沼意次の父は徳川吉宗によって発見された人物だ。吉宗がまだ紀州藩主だった頃、田沼意次の父が吉宗の足軽を務めていた。ところがその父は非常に経営と金銭の感覚が優れているので重用された。吉宗が将軍になった時一緒に紀州からついてきた。田沼意次はその縁によって登用された。その意味では、田沼意次も吉宗一家だといっていい。田沼はやがて老中にまで栄進した。

田沼意次がおこなったのは、徳川吉宗の享保の改革におけるもう一本の柱、すなわち、

・輸入品の国産化と、資源に付加価値をつけて高価値化する。

ということであった。田沼は貨幣経済を率直に重視した。商人の存在も認めた。江戸時代全く例のなかった、

「商人に税を課する」

ということもおこなった。これが日本全体を活性化し、各地の産品が競争してつくられ、同時に金の回りがよくなった。しかし田沼自身が賄賂好きだったので、それが致命傷となって田沼も失脚する。

しかし貨幣経済の進行と、商人の存在をありのままにみつめたのは、田沼意次だけである。

田沼意次の政策は、徳川吉宗の「減量経営」の方には目を向けずに、「拡大政策」だけに関心を持ったといっていい。そのために、今度は別な意味でギャップが生じ、田沼も失脚してしまう。しかし田沼意次はおそらく胸の中で、(吉宗様のご改革が、もっと商人の存在と貨幣経済の進行に目をお向けになっていれば、必ず成功し、こ

の国もより豊かになっていたに違いない）と思っていたことだろう。

吉宗はせっかく開明的なリストラを展開しながらも、

「経済はあくまでも米を中心にする」

という、徳川家康以来の幕府の経営方針にこだわったために、結局は失敗してしまったのである。このへんは経営方針の立て方や、あるいはその保ち方についていろいろと考えさせる問題を含んでいる。

つまり、先代までにおこなわれた経営理念や方針も、つねに時代状況に合わせて見直しをし、修正していくことが必要なのだ。しかしだからといって、前に書いたように、

「前代までにおこなわれてきた経営政策は、すべてひっくり返す」

ということがいいわけではない。やはり、

「良い政策の継続性と連続性」

は十分に守らなければならない。そしてそのことは引き続き、

「後継者養成」

の問題につながっていく。すなわち、

「跡継ぎをどう育てるか」

というごとが大切になる。それは、

「自分の子供をぜひとも跡継ぎにしたい」

という〝世襲制〟の死守のことではない。

「つねに様変わりする客のニーズに、どう対応するか。それができるトップをどう育てていくか」

ということが大切なのである。その意味では、徳川吉宗も松平定信も水野忠邦も、決して〝後継者養成〟の名人であったとはいえない。このへんは、むしろ反面教師として、現代のわれわれが考えなければいけないことだろう。

4章

時代の先を読みきる

◇世の中の変化に即応する、将たる者の視野の広げ方

人の上に立つということ

西郷隆盛はいうまでもなく明治維新を実現した最大の功労者だ。その西郷に「西《さい》郷南洲遺訓《ごうなんしゅういくん》」というのがある。これは西郷隆盛が自分で書いたものではなく、かれを慕って鹿児島まで出掛けていった出羽庄内（山形県鶴岡市）の大名だった酒井家の家臣たちが、西郷に接していて、かれのいったことをそのままメモしたものである。

なぜ、東北の大名家の家臣が何人も西郷を訪ねていったのかといえば、戊辰戦争の時に賊軍とされた酒井家に対し西郷が寛大な処置をとってくれたからである。本来なら、酒井家は潰されその家臣団も全部失業するはずだったが、西郷は酒井家が謝罪金を差し出すことによって、家の存立と家臣団の生活をまもった。

これに感謝した家臣のうちの何人かが、

「鹿児島の西郷さんのところに行って、これからの生き方を学ぼう」

と出かけていったのである。これら酒井家の武士たちは、当時鹿児島の一農村で農業をおこないながら生きていた西郷の家に同居して、その教えをいろいろと身に受け入れていた。東京の上野の山にある西郷さんの銅像は、この頃の西郷の姿を描いたものだという。西郷は確かに犬を連れてよく歩いていたという。そういう時に、ポツンポツンと西郷が話すことを酒井家の家臣たちは忠実にメモした。それをまとめたのが「西郷南洲遺訓」となって、現在は岩波文庫に入っている。南洲というのは、「南の国」という意味だ。鹿児島のことを西郷はそう受け止めていた。

この「南洲遺訓」の中に、現代語に訳すとつぎのような言葉がある。

「国民のために政治をおこなう者は、己を慎み品行を正しくし、ぜいたくを戒め、節約につとめ、仕事に専念して国民の模範となるようにならなければならない。そして国民がその働きぶりを気の毒に思うくらい尽くさなければ政令はおこなわれない。ところが、せっかく明治維新を実現しながら、多くの高級官僚が大きな屋敷に住み、ぜいたくな着物を着、財産を残すことばかり考えている。こんなことでは、明治維新の本当の目的は達成できない。そうなると、せっかく日本国内で互いに血を流しあった人々の犠牲も意味がなくなってしまう。維新のために死んだ人々に対して面目のないしだいだ」

「文明というのは、人間の道が広くおこなわれることをいうのだ。その国の宮殿が立派だったり、着ている着物がぜいたくだったり、見かけが華麗なことをいうのではない。いまの日本でいっている文明は薄っぺらなもので本当の質を見失っている。日本人が、野蛮だという国々の人の方が、かえって本当の文明を持っていることがある」

「会計出納は、入るをはかって出ずるを制するのほかに道はない。その時の勢いに影響を受けて、この原則を破るようなことをすれば、せっかく納めてくれた民の汗脂すなわち税金の無駄づかいになってしまう」

われわれの知っている西郷隆盛のイメージからすれば三番目の、

「入るをはかって出ずるを制する」

という財政の原則をかれが唱えるのに違和感を持つかもしれない。しかし、彼の経済感覚は、その若い頃のいわば原体験によって養われていた。

自分を曲げない生き方

西郷隆盛は、鹿児島の城下町で甲突川《こうつきがわ》のほとりにある下加治屋町で生まれた。このへんは、下級武士の住居が多いところだ。江戸時代の武士は、士農工商という身分制の頂点に立ってはいたが、武士社会にまた身分制があった。どこでも同じだが、上級武士ほど城に近いところに住む。そして下級武士はどんどん城から遠ざけられたところに住む。下加治屋町一帯は、下級武士の住むところであった。

西郷隆盛の父は吉兵衛といって鹿児島藩の勘定方を務めていた。勘定方というのは出納係である。藩の財政や金銭を扱うから不正が多い。またそれがあたりまえになっていた。ところが吉兵衛は絶対にそんなことはしなかった。そのため先輩や同僚から、

「西郷吉兵衛は正直の上にバカがつく」

といわれていた。が、吉兵衛は息子の隆盛に、

「オレは正しい。自分の納得できないことやあとで後悔するようなことは絶対にしない」

と、むしろ誇るように告げていた。少年隆盛はこの父親に多くの影響を受けた。西郷自身も、

「おとうさんは正しい」

と感じていた。

十八歳になった時に、西郷隆盛は藩庁から、

「郡方書役助《こおりかたかきやくたすけ》」

という仕事に任命された。弘化元年（一八四四）のことである。

郡方というのは地方事務所のことだ。書役というのは書記のことで、助というのは補助ということである。現在でいえば、

「地方事務所書記の補助役」

ということである。正規の書記以前のポストということで最も下級職である。給与は年に米四石《こく》が与えられた。しかしこんなわずかな給与でも、西郷家は家族が多いので大いに助かった。

郡方という役所は地方の農村にある。赴任する時に吉兵衛は、

「いまの鹿児島藩では、郡方の方もオレの先輩や同僚と同じで不正が多い。ワイロをとって農民から集める税金の加減をしている。おまえは絶対にそういうことをしてはならない」

といった。隆盛は、

「大丈夫です。わたくしは絶対に不正はしません」

と胸を張ってこたえた。

赴任した郡奉行所の最高責任者である奉行は、迫田太次衛門《さこたたじえもん》といった。人のよさそうな奉行である。若い西郷を迎えて迫田は喜んだ。そして、

「この奉行所も汚染されている。おまえは悪い色に染まるな」

というのである。お辞儀をしながら西郷は、

「父がいったことは正しい」

と感じていた。

先輩や同僚たちは大歓迎をしてくれ、歓迎会を開いてごちそうをしてくれた。西郷は素直に、

「みなさんにこんなにしていただいてありがとうございます」

と礼をいった。が、脇にいた先輩が、

「そんなに感謝することはない。どうせ、この会費もワイロから出ている」

とニヤニヤ笑いながら告げたのだ。西郷はびっくりした。

「農民からとったワイロでわたくしにごちそうしてくださっているのですか？」

「そうだよ」

先輩はあたりまえのことに何を驚いているのだ、という顔をした。西郷は考え込んだ。そして、

(この奉行所は腐りきっている)

ということを、最初の日から感じた。

頼りない上司を前に

給与が安いので、西郷は一軒の家を構えることができずに付近の農家の離れを借りた。主人は正直実直な農夫だった。わずかばかりの自分の土地を耕し、馬一頭、牛一頭を持っていた。なにくれとなく西郷のところへきては、

「何か足りないものはありませんか?」

と聞いた。食事は必ず母屋の方に呼んだ。そして、家族といっしょに、粗末な汁ものや粥などをふるまった。

「食費をとってください」

といっても、主人は首を横に振って笑うだけだ。

「うちは大家族です。一人くらい増えたってどうってことありませんよ。遠慮せず

に召し上がりなさい。あなたは体が大きいのだから、たくさん食べなきゃだめですよ」

そういってくれる。西郷はつくづくと主人の人のよさに感謝しながら、

（こういう農民を苦しめるような役人は絶対に許さない）

と、心に誓った。しかしそういう考え方を持ったために、青年西郷隆盛はしだいに郡奉行所で孤立していった。先輩や同僚たちからつまはじきされ、疎外されていったのである。もちろんそれはかれが、

「不正は絶対におこなわない」

という態度を貫き抜いたからだ。

郡奉行所の中では、外まわりをしてきた役人たちが戻ってくると、互いにつまらないことを自慢しあった。それは、

「今日はドコドコで、ワイロをこれだけとってきた」

あるいは、

「ワイロをよこさないので、あの農民にはこれだけ高い税金をかけてやった」

などということを平然と話し合うことだった。つまりこの奉行所に勤める役人た

ちは、自分たちがどれだけワイロをとれるかが能力を示すひとつのモノサシになっているのだ。聞くたびに西郷は耳を覆いたくなった。我慢できなくなってそういう自慢話をしている役人をにらみつけると、その役人は逆に西郷をみかえした。

「何だその顔は？　オレたちのやっていることに何か文句があるのか？」

「自分だけ一人清く生きているような顔をしているが、どうせおまえもすぐ汚れるのだ。でかい面をするな」

などと悪態をついた。西郷はどなり返そうと思うが、一番後輩の身ではそれもできない。唇をかんで黙り込む。先輩たちはそんな西郷をさげすむように笑いながら、

「いつまでそんな我慢が続くかな。ま、お手並み拝見だ」

と互いに顔をみあう。そしてドッと笑う。この奉行所では、正直者は全くの異端児だったのである。

我慢できなくなって西郷は奉行の迫田のところへ行く。そして、

「お奉行、ひどすぎます。何とかしてください」

と訴える。ところが迫田は西郷の訴えを聞いても困り果てたように顔をしかめるだけだった。そして、

「そうしたい。が、オレにはそんな力がない」

と弱音を吐く。西郷はいきりたつ。

「そんな意気地がないことでは困るじゃありませんか。あなたはかりにも郡奉行です。苦しんでいる農民のためにもっとしっかりしてください。わたくしが支えます」

という。ところが迫田は苦笑いを浮かべてこう応ずる。

「西郷よ、おまえの純粋な気持ちはよく分かる。しかし腐りきっているのは何もこの郡奉行所だけではない。お城そのものが腐りきっている。だから末端の奉行所までこういう状況になるのだ。郡奉行所をきれいにするためには、鹿児島の本城の方から正さなければダメだ。オレにはそういう力はない。ほとほと弱り果てている。オレはとても奉行の資格などない」

旧弊に屈するか、立ち向かうか

頼りない奉行に西郷はいった。

「そんな情けないことをいわないでください。お奉行様には権力があるはずです。

それをもっと使って、このお奉行所の汚れた役人たちを正してください」

畳を叩くようにしていうのだが、迫田は首をゆるく振るだけだ。

「おまえのいうことは散々やったよ。しかし一向に効果が上がらない。オレは自分の無力ぶりがつくづく情けない。ただな、おまえだけは汚れた水に染まらないでほしい。いまのままの姿を保ってくれ」

そういって迫田は、

「これをやるよ」

といいながら、一枚の紙を渡した。みると、つぎのような歌が書いてあった。

虫よ虫よ　五ふし草の根を絶つな
絶たば　共に己も枯れなん

(虫よ虫よ　稲の根を絶つな　根を絶てば　おまえもいっしょに枯れてしまうだろう)

西郷隆盛には何の意味か分からなかった。迫田は説明した。

「虫というのはこの奉行所の汚職役人のことだ。五ふし草というのは稲のことだ。まるで害虫が稲の根をかじるように、この奉行所の役人たちは農民の富を収奪している。しかしその程度が過ぎて根まで食いつくすようになったら、稲に寄生している自分たち自身も死んでしまうのだ、という意味だ」

「よく分かります」

西郷は目をあげた。そしてもう一度、

「そういうお考えをお持ちのお奉行を尊敬します。しかし意気地がなさすぎます。この歌の通り、虫たちをこらしめてください」

しかし迫田はまた苦笑いした。そして、

「その力はもういまのオレにはない。勘弁してくれ」

と逃げ口上を告げるのだった。

「しっかりしてください」

と責め立てる西郷と、

「今日はこれだけワイロをせしめてきた」

と自慢する汚職役人たちの間に立って、迫田はついに辞任してしまった。去り行

く日に迫田は西郷を呼んだ。そして、

「すまないな」

とわびた。しかし謝られても西郷の方は怒りがおさまらない。黙って迫田をにらみつけた。その目は、

（本当にあなたは意気地のないお奉行です。今度の辞任は敵前逃亡です）

と告げていた。

その西郷にもっと衝撃的な原体験を味わわせる事件が起こった。しかもそれはかれが下宿している農家で起こった。


正直者はいつの時代もバカを見る？


ある夜、遅くまで西郷隆盛が資料調べをしていると、静まった夜の庭で、ボソボソ何かいう声が聞こえた。

「何だろう？」

西郷は聞き耳を立てた。声がするのは、どうも庭の隅のようだ。気になったので、西郷は資料調べをやめて立ち上がった。庭に出て、そっと声のする方へ近づいてい

った。声は、牛小屋の中から聞こえた。

(牛小屋で、いったい何をしているのだろう?)

声には聞き覚えがあった。西郷が下宿している農家の主人の声だ。西郷は近づいた。中から話し声が聞こえた。

「すまないなあ。わたしに力がないために、おまえにつらい思いをさせる。勘弁しておくれ」

農家の主人はしきりにそういう詫び言をいっていた。

(いったい、誰に謝っているのだろう?)

不審に思った西郷は、牛小屋に近づき、そっとのぞいた。この家の主人が、しきりに牛の頭をなでながら、かき口説いていたのだ。

「明日、おまえを売らなければならない。そうしなければ、年貢が納められないのだ。年貢は大事だ。どんなに無理をしても納めなければ、お殿様がお困りになる。お城で働くお役人様たちもお困りになる。そして、そのお金がいろいろな仕事に使われるのも滞ってしまう。わたしは年貢を納めることは、何よりも農民にとって大切な義務だと思っている。でも、今年は不作だ。米の出来も悪い。他の農作物もほとんど出来が悪い。どう工面してみても、わたしの家には年貢を納めるだけのお金がない。かわいそうだが、明日おまえを売る。そして年貢を納める。そこを聞き分けてほしい。いいな？」

主人はしきりにそう告げていた。牛に話が分かるわけがない。しかし牛にも、主人の気持ちだけは通じるのだろう。悲しそうな目をしながら、黙って主人のいうことに耳を立てていた。

聞いた一瞬、西郷はカッとした。

（主人は立派だ。にもかかわらず、オレが勤める郡奉行所の役人たちは、ワイロばかりとって、ロクな仕事もしていない。年貢ドロボウだ。あんなやつらのために主人が牛まで売るとは、許せることではない！）

西郷はいきり立った。しかし、現在の状況は怒ったからといってそれがそのまま通用するようなものではない。トップの奉行は意気地なしだし、下で働く役人たちはみんな、稲を食い荒らす害虫のようなものだ。農民からワイロをしぼり取っては、その額によって税金を加減している。ワイロを多く贈った者の年貢は安くし、贈らない者の年貢は高くする。不公平極まりない。西郷は、

（役人たちの不正が、ついにまじめな農民をここまで追い込んだのか）

と悔しかった。

西郷は牛小屋の前に立ちつくしていた。小屋に入って、主人に何か声をかけたかった。しかし声をかけたからといって何になるだろう。郡奉行所の役人である西郷自身が無力なのだ。腹を立ていきり立っても、農民たちには何のいいこともない。いくら地団駄を踏んでも、そんなものは犬の遠吠えだ。汚職役人たちは全く歯牙にもかけない。正義派づらをする西郷をバカにして、いよいよ汚職に精を出していた。

時代の情勢変化にいち早く対応

下宿先の主人が、

「では、明日おまえを町へつれて売りにいくからな。今夜はゆっくり寝なさい」

そういうのを聞いて、西郷隆盛は急いで小屋の前を離れた。その晩は寝られなかった。一晩中机の前にじっと座ったまま考え込んだ。そして、

（この世の中は間違っている。どうすれば、その間違いを正すことができるのか）

ということを必死になって考えた。

ちょうどその頃、薩摩藩主が代わった。前藩主が死んで、島津斉彬《なりあきら》という人が藩主になった。薩摩藩内では、

「斉彬様が藩主におなりになるのには、江戸城の老中筆頭阿部正弘様が、強引な尻押しをなさったようだ」

と噂された。

阿部正弘は、備後（広島県）福山藩主だったが、二十六歳で老中（閣僚）首座になった大名中の英才だった。開明的な考えを持っていて、

「徳川幕府も、いままでのように譜代大名だけで政権を担当してもダメだ。世界の情勢がどんどん変わっている。国際社会における日本という立場から、日本の政治を考えなければダメだ。そのためには、大きな海に面している大名がたとえ外様大名であっても、とくにその意見を聞くべきだ。場合によっては、幕府の政権に参加してもらうべきだ」

といい出していた。阿部がとくに重くみたのが、四国や九州の大きな海に面している藩の主である外様大名だった。四国土佐の山内家、伊予宇和島の伊達家、それに薩摩の島津家などである。とくに阿部が目をつけていたのが、斉彬である。斉彬

は、外国事情にも明るく、また、

「外国列強に伍して日本が堂々と自分の考えを述べるのには、もっと国防力を強めなければならない」

と主張していた。そして、

「そのためには、日本はいたずらに孤立する現在の鎖国政策を改めて、国際社会に参加すべきだ」

といっていた。これが大いに阿部の気に入った。そこで阿部はいろいろと工作をして、島津斉彬を薩摩藩主に押しあげたのである。

薩摩藩主になった斉彬は、まず全ての部下に向かって、

「藩の政治について、意見のある者はわたしのところに直接封書で差し出せ」

と命じた。重役たちはびっくりした。

「そんな例はいままでございません」

と反対した。斉彬は、

「いままで例のないことをやるのが、わたしの政治の皮切りだ」

とつっぱねた。意見のある下級武士たちは喜んだ。われもわれもと意見書を書い

た。

西郷のいた郡奉行所にもこの触れがきた。西郷は躍り上がった。

（いまこそ、いままでのこの奉行所での経験を全部申しあげることができる！）

と感じた。

西郷が勢いこんで意見書を書きはじめたので、周りの先輩たちは多少不安に思った。

みんなヒソヒソと話し合った。

「あの若造は、オレたちの汚職を全部報告する気だ」

「自分だけいい子になるつもりだ」

そんな話し合いがおこなわれ、代表が西郷のところにやってきた。

「西郷よ、ちょっと話がある」

周りの反発を恐れるな

西郷は聞いた。

「何ですか？」

「おまえは、新しい殿様に意見書を出すつもりだろう?」

「そのつもりです」

「何を書く気だ?」

「ありのままを書きます」

「ありのままとは、オレたちの汚職も書く気か?」

「書きます」

西郷はひるまずに応えた。大きな目でじっと相手をみつめた。みつめられた相手はまごまごしたが、しかし、

「それは困る」

といった。

「何が困るのですか?」

「なあ、西郷よ」

相手の先輩は急にニヤニヤ笑い出した。まともにぶつかったのでは西郷にかなわないので、わき道から懐柔策に出ようとしているのだ。

「世の中には、なかなか筋通りにいかないこともある。それが人間の悲しさだ。オ

レたちもいままでは確かに農民をいじめた。ワイロもとった。しかし心の中では決していいことだとは思っていない。時世が変われば オレたちも考えを変える。おこないも改める。そこでだ、これは相談だが西郷よ、意見書を書くのは勝手だが、オレたちのことは書かないでもらえないかな」

上目遣いにそう持ちかけてきた。西郷は真っ向から相手をにらみつけた。

「そうはいきません。わたしはこの日を待っていたのです」

「おまえは、世話になった先輩たちの足を引っ張り、罪人にする気か？」

「それはあなたがたのおこないが悪かったからで、自業自得でしょう」

「そういういい方はないだろう。ずいぶんおまえの面倒をみてやったじゃないか」

「何も面倒などみていただいてはおりません。わたしは自分だけで生きてきました」

「そうはいわせないぞ。役所というのはそういうものではない。おまえ自身が感じなくても、いろいろとおまえが仕事がしやすいように、オレたちがあれこれ防壁になってやったからこそ、おまえも好き勝手なことがいえたのだ。本当なら、おまえのような正義漢づらをした若造は、とっくの昔に叩き出されるか、遠くの島に追いやられていたはずだ。そういう声があった時に、オレたちは何とかおまえをかばって、この奉行所にいられるようにしてやったのだ。恩を忘れる気か？」

そういういい方をした。西郷は情けなくなった。

（この先輩たちは、どうしてここまで根性が腐っているのだろうか）

そう思うといよいよ、

（この連中のことは、はっきりと意見書に書かなければならない）

と心を決めるのだった。

説得工作は一度ではうまくいかなかったので、先輩たちはその後も懲りずに西郷のところにやってきた。役所でカタがつかないと、下宿先までやってきた。西郷はいい返した。

「この下宿の主人は、あなたがたが無理やり年貢を高くしたので、この間は大事な牛まで売りました。そして年貢にして納めたのです。そういうことをあなたがたはご存じですか？」

とくってかかった。先輩たちは閉口して退散した。

しかし、

「何とかして、あいつの意見書が殿様のところにいくのを食い止めなければならない」

ということで一致していた。

〝ホーソン・リサーチ〟の教訓

こういうやり方をみていると、有名な〝ホーソン・リサーチ〟を思い出す。

アメリカにAT&Tという日本のNTTに似た会社がある。ここの製造部門であるウエスタン・エレクトリックという会社が、シカゴに持っていた工場をホーソン工場といった。

ずいぶん昔の話だが、このホーソン工場で事件が起こった。それは何千人もの働き手が、あるときから慢性サボタージュに入ったことだ。仕事にやる気を失った。そのために、つくり出される製品が欠陥商品となり、いわばオシャカ製品で返品の山となった。経営者は怒った。工場長を呼んだ。

「いったいおまえの工場はどうしたのだ？　原因を調べろ」

といった。工場長は原因を調べた。まずハードな労働環境のチェックをした。

・採光が十分かどうか。

・工場内の空気が汚れていないかどうか。
・冷暖房が機能しているかどうか。
・半数の働き手は女性なので、女性専用のトイレがあるかないか、更衣室があるかないか、休養室があるかないか。

などである。チェックの結果は満点だった。経営者がこういう方面の経費を惜しまないので、よその工場に比べると完全に整っていた。経営者はこの報告を聞くと、

「給与や福利厚生施設に不満があるのではないか？」

といった。工場長は、

「そんなことはありません。うちの工場の給与はダントツに高く、また福利厚生施設も完備しています」

といった。経営者は、

「それでは、いったいなぜ仕事をしないのか原因がわからないではないか」

といった。工場長も首をひねった。そして、

「チェックできる限りのことは全部しました。もうわたしの能力を超えています。何かお考えください」

と、ギブアップした。

経営者はたまたま、ハーバード大学の経営学教室が、そういうケースが起こった時に診断をしてくれるということを聞いていた。そこで工場長に、

「ハーバード大学に頼もうか？」

と持ちかけた。工場長は、

「ぜひお願いします」

と応じた。

そこで経営者はハーバード大学を頼み、大学側でも、

「分かりました。診断してみましょう」

と快諾してくれた。メーヨーという教授が派遣されてきた。教授は全工員から聞き取り調査をおこなった。

組織に必要な二本のパイプ

ハーバード大学からきたメーヨー教授は、ホーソン工場の工員全員から聞き取り調査をおこなった結果、つぎのようなことを知った。

・働き手は誰ひとりとして、自分のやっている仕事の目的を知らない。つまり、自分のやらされている仕事は「何のためか」ということを承知していない。
・働き手たちは、自分のやった仕事が会社や地域社会のためにどう役立ったのか、それも教えられていない。つまり自分のやったことは「どれだけ役に立ったのか」という貢献度、寄与度を教えられていない。
・貢献度や寄与度があったとしても、それに対してどういう評価がおこなわれているのか教えられていない。つまり「ボーナスの積算基礎」や人事異動の際における「考課表」の内容を教えられていない。
一言でいえば、

「ホーソン工場で働いている働き手たちは、何のために毎日仕事をしているのか全然誰も分かっていない」

ということであった。

メーヨー教授はその理由を、
・工場内には、必ず二本のコミュニケーションのパイプが設定されていなければならない。

・二本のパイプというのは、一本は上から下に達するトップダウンというパイプであり、もう一本は下から上に達するボトムアップというパイプである。

・ホーソン工場内には、この二本のパイプが存在するが、二本とも機能していない。一本はゴミが詰まり、一本は途中で折れている。

と告げた。

この報告を聞いた経営者と工場長は相談した。そして、

「二本のパイプを取り替えよう」

ということで一致した。

これは現在でも大切なことだ。つまりメーヨー教授が指摘した「コミュニケーション回路として二本のパイプ」すなわち、

・上から下に情報や指示命令を伝えるトップダウンのパイプ

・下からの意見や不平不満が上層部に達するボトムアップというパイプ

は、互いにフィードバックして、相乗効果を起こすからこそ職場が活性化する。

これが二本とも中間管理職の段階で折れたりゴミが詰まったりしているということは、中間管理職が、

・トップダウンの場合には、たとえば情報伝達に対しても「こんな程度の情報は下に伝える必要はない。今朝のニュースや新聞に出ていたことだ」と簡単に考えて伝えるのを怠る。
・下からの意見はともかく、不平や不満が出てくると「こんなことを上層部に知れたのでは、オレのリーダーシップが全然ダメだということになる。握りつぶしてしまおう」といって、その不平や不満を上層部に上げない。

こういうことから、メーヨー教授がいったように、「一本のパイプにはゴミが詰まり、もう一本は折れている」ということになったのである。

自分の思いが空まわりするとき

ホーソン工場では経営者と工場長が相談し、改めて二本のパイプをつくり直したことによって、全工員には、
・この仕事は何のためにするのかという目的。
・自分がやったことがどれだけ役に立ったかという寄与度。

・それに対して、どんなほうびがもらえるかという評価。

などがはっきりした。ホーソン工場は蘇った。つくられる製品も完全なものになった。

これが日本でも人事上、一種の古典とされている〝ホーソン・リサーチ〟の内容である。

薩摩藩の郡奉行所における、西郷隆盛の先輩たちがやったことは、まさにこの、「下から上に達するボトムアップのパイプ」を、途中でへし折り、同時にゴミを詰めて、西郷の意見が上層部に達しないように仕向けたことである。

ところが、コミュニケーションの回路は折れていたホーソン工場とは違って、トップである藩主島津斉彬の方針が違った。斉彬は事前に、ホーソン工場のような悪例が起こることを予測していた。そこで斉彬は、

「下級武士の意見書は、直接わたしの手元に出せ。途中で上役が開いてはならない。もし途中でそういうことがおこなわれたら、意見書を出した下級武士はすぐわたしのところに直接報告せよ」

と宣言した。

西郷は、ありのままを書いた意見書を斉彬のところに提出した。そして、

「あの意見書をご覧になれば、新しい殿様はきっと郡奉行所の改革をおこなってくださるに違いない」

と期待した。西郷のいう改革とは、

・汚職武士の追放。

・正しい力量のある奉行の任命。

・高すぎる年貢を安くすること、などである。

しかし幾日たっても斉彬からは何の返事もこなかった。西郷はしだいに不安になった。奉行所内の先輩たちは、集まっては西郷を冷笑し、

「ほらみろ。新しい殿様は口先だけだ。おまえのようなチンピラの意見などまともに受け止めるものか」

ということを公然と口にした。西郷は心配になった。

（先輩たちのいうことは本当なのだろうか？　新しい殿様は口先だけで、実際にはわたしの意見書を握りつぶしてしまったのだろうか？）

そういうかんぐりを持った。

いくら待っても斉彬のほうからは何もいってこない。そのため郡奉行所の先輩たちが力を盛り返した。西郷をみる目が前のように蔑《さげす》みの色に変わった。この間までは、

「西郷がオレたちのことを意見書に書いたら、とんでもないことが起こる」

と恐れていた不安を、みんな忘れてしまった。そして、

「バカヤロウ、殿様のいうことを真に受けて意見書など書いても、そんなものを読むような物好きがいるものか」

「殿様は、口先だけだよ。ひとりだけいい格好しやがって、ザマをみろ」

という罵声が西郷に投げつけられた。西郷は絶望した。そして、

（上の人はみんないい加減だ。新しくトップになったために、下の気受けを気にして人気取りのために口先だけでうまいことをいうのだ。絶対に信用できない）

と思った。西郷は、こうして再び、

「上層部への不信感」

を強めた。

ところがある日、西郷は郡奉行から呼ばれた。

「至急、城にいけ。殿様がお呼びだ」

といった。西郷は目を見張った。奉行所内は騒然となった。

西郷は、誇らかな表情で鹿児島の鶴ケ城に行った。鶴ケ城は、関ヶ原の合戦以来島津家が徳川幕府ににらまれていたので、天守閣も何もない屋形のような平城である。城に行くと番人が待っていて、

「いっしょにくるように」

といって重役のところに案内した。重役は、

「わたしといっしょにこい」

といって、広間に連れていった。控えているとやがて、斉彬が出てきた。平伏する西郷に、

「顔を上げなさい」

と斉彬がいった。おそるおそる顔を上げると、斉彬はニッコリ笑っていた。そして、

「おまえが西郷吉之助か？」

と聞いた。

「さようでございます」

と、震えながら西郷は答えた。斉彬は続けた。

「おまえの意見書はすべて読んだ」

「は？」

西郷はびっくりした。そして、思わず、

「しかし」

と、ちょっと不満そうな表情をみせた。斉彬は西郷の気持ちを知っていた。

「なぜ、わたしがおまえの意見書に返事を出さなかったのか、おまえは不満に思っていたのだろう？」

「そのとおりでございます」

斉彬が郡奉行所内でうわさされていたような、

「いいかげんな殿様」

ではないことを西郷は悟ったので、はっきりそう答えた。斉彬はこういった。

「おまえは若すぎる」

「は？」

西郷は、こころの中で（わたしはまだ二十歳にしかならないのだから、若いのはあたりまえだ）と反発した。が、斉彬のいうのはそういうことではなかった。

「いたずらに周りの者を告発して、自分だけが正しいといっても、世の中は変わらない。奉行所の中も変わらない。自分の正しさを周りにどうやれば理解させることができるか、そして協力させることができるか、おまえの書いたことは正しいが、方法が全くなっていない。おまえはただ怒りにまかせて、不正を告発しただけだ。そんなことでは、郡奉行所の改革はできない」

正義感だけでは世の中変わらない

島津斉彬のことばを聞いていて西郷隆盛は思わず、

（あれ？）

と思った。殿様にしては、ずいぶん現実に即したことをいうと思ったからである。

斉彬はいった。

「返事を出さなかったのはそのためだ。わたしがもしおまえの意見はもっともだといって返事を書けば、おまえはますます鼻を高くする。そして、自分の正義感だけを振り回して周りを告発することだけに終始してしまう。それでは惜しい。おまえの力は、もっと別なところで発揮すべきだ」

「?」

西郷にはわけが分からなくなった。呼び出されたのは、

(意見書のことだろう)

とは思っていた。しかしこうも真っ向から、

「おまえの意見書は採用できない」

とブチかまされるとは思わなかったからである。斉彬はいった。

「西郷、おまえはいまの薩摩藩の置かれた立場をわきまえているか?」

「はあ」

西郷は自分でも頼りない返事をした。斉彬の問いかけの意味がよく分からない。

斉彬はしだいに真剣な表情になってこういった。

「この薩摩藩の外はすぐ外海だ。いつも外国の船がウロウロしている。すでにメリケン(アメリカのこと)が、徳川幕府に迫ってこの国を開かせた。幕府は二百十数

年にわたった鎖国を解除し、外国と交流することになった。これからは、この鹿児島にもどんどん外国の船がやってくる。もう、日本は海に囲まれたいわば〝井戸の中のカエル〟のような生き方をすることは許されない。広く目を開いて、外国ともどんどん交流するようにしなければならない。われわれ日本人のくらしが根底から変わってくる。

そういう時に、たしかにおまえの意見書には一理あるが、ただ単に郡奉行所内のできごとに目を向けていたのでは、おまえはいつまでたっても薩摩藩という〝井戸の中のカエル〟で終わってしまう。

西郷、わたしはおまえの正義感をひじょうに高く評価する。いまどきの武士にはなかなかないものだ。それは尊い。

従ってそのおまえの正義感を活用しながら、おまえを薩摩藩という〝井戸の中〟から出してやる。もっと大海の生き物として、鍛え上げる。分かるか？」

「……」

西郷には斉彬のいうことがよく分からなかった。こころの一隅で、

（この殿様はずるいな）

と思った。

というのは、斉彬のいっていることが、どこか西郷の上司だった郡奉行の迫田に似ているような気がしたからである。

〝井の中のカエル〟になるなかれ

虫よ虫よ　五ふし草の根を絶つな
絶たば　共に己も枯れなん

西郷隆盛は、迫田が残していった歌をいま奉行所の壁に張りつけている。そして、周りの悪徳役人たちに、

「これをみろ」

といわんばかりの態度をとり続けている。それが先輩たちには気にくわない。

「西郷の野郎は、われわれにあてつけをしている」

と不評判だ。

いま、藩主の島津斉彬と会って、その話を聞いているうちに西郷が感じたのは、(この殿様も、悪徳役人たちの存在をそのまま是認しようというのか)ということである。つまり斉彬が力をこめて話す、

「薩摩藩という〃井戸の中のカエル〃から、広い海の生き物に変われ」

ということは、ごまかしではないかと思ったのである。西郷にすれば、

「郡奉行所ひとつ改革できないものだから、そんな世界に目を向けろなどという問題のすり替えをしているのだ」

と思えたのである。そんな西郷のこころの状況を、斉彬は敏感に悟った。そこでこういった。

「おまえは、自分の意見書が採用されないものだから、わたしを無能力な藩主だと思っているのだろう。若いおまえにすればそうかもしれない。しかしわたしの考え方はちがう。わたしは、おまえのいう郡奉行所の汚職を改革するためにも、藩全体が大きな目標を持たなければだめだと思っている。目標とは何か。薩摩藩は薩摩藩のために生きていくのではない。日本のために生きていく。それには、やはりいまの世界情勢をしっかりと知り、その中で日本はどうすべきなのか、徳川幕府はどう

あるべきなのか、その中における薩摩藩はどうあるべきなのか、そういう段階的な目標の設定が必要なのだ。それを抜きにして、ただ不正をただそうということだけに狂奔するのは、力の無駄遣いだ。わたしが、薩摩藩という〝井戸の中のカエル〟から、もっと大きな海の生き物に変われというのはそういう意味だ。分かるか？」

西郷は、少しずつ理解しはじめた。そして冷静に考えてみれば、

（たしかにこの殿様のいうとおりかもしれない）

という気になってくる。

郡奉行所役人としての西郷は、周りにいる悪徳役人たちの不正ががまんできずに、

「かれらは悪いやつだ。懲らしめるべきだ」

という、いわば悪に対する報復、あるいは懲罰をおこなうべきだということだけにこだわってきた。斉彬の観点はもう少し高く広い。

「全藩士の注目を、薩摩藩はどう生きるべきかというところに集中させれば、汚職などやっているヒマもなくなる」

ということだ。藩主という高い立場に立って、

「全藩士に、どこへ向かって歩いていけばいいかという道標を与えることが、トッ

プの役割なのだ」

といういうことだろう。西郷は、しだいに斉彬のいうことが理解でき、そうなると郡奉行所の一下級役人が、殿様と直接話ができることがだんだん名誉に思えてきた。さらに、

（そういう殿様が、オレのような若造を呼び出したのには、やはり何か目的があるのにちがいない）

と思えた。

斉彬はいった。

「おまえを郡奉行所から、この城に引き抜く。わたしの側にいて、いろいろと細かい仕事をしろ。わたしの手足になれ。そして、手と足を動かしているうちに頭を鍛えろ」

西郷の胸に熱いものがこみ上げてきた。それは、感動といってもいいものだ。

（この殿様は、そこまでオレのことを考えていてくれたのか）

という思いが突然つき上げてきたからである。

すべての人に道標を与えることがトップの役割

組織は、普通の場合、三つの層から成り立っている。トップ、ミドル、ローだ。経営者層と、中間管理職層と、一般社員層だ。

組織員全体が、目的を達成していくためには、

「仕事に対する納得」

が必要だ。そしてこの納得にはつぎの三つの条件が必要だ。

①目　的：この仕事を何のためにおこなうのかということをはっきり示すこと。

②寄与度：それぞれの成員がやった仕事が、組織目的に対しどれだけ役に立ったかということを示すこと。

③評　価：成員のそれぞれがやったことに対し、その寄与度をモノサシとして信賞必罰を示すこと。

くだいたいい方をすれば、

①何のためにこんな仕事をするのか。

②自分のやったことがどれだけ役に立ったのか。

③それに対しどんなごほうびをくれたり、あるいは罰が与えられるのか。

を明らかにすることである。これがないと、いまのとくに若い働き手は仕事をしない。昔の管理者はよく〝ニコポン〟や〝一杯飲ませる〟などという方法で、部下を引っぱっていった。しかし、いまどきこんな方法は通用しない。ニコポンというのは上役が部下の肩をポンと叩いてにっこり笑い、

「おい、ナニちゃん、頼むよ」

という方法だ。一杯飲ませるというのは、

「おい、今晩一杯やろう」

といって、酒を飲ませて仕事をさせるというやり方だ。ともに、

「日本式管理方法」

といわれ、いまはしだいに若い人たちから敬遠されている。

「そんなみえすいた手にはのらない」

と逆に警戒心を持たせてしまう。つまり、

「肩を叩いてにっこり笑ったり、あるいは一杯飲ませるというのは、さぞかしイヤな仕事をさせるつもりだろう」

と思わせてしまうのだ。

従って現在のような労働環境では、そんな姑息な手を使うよりも、

「働き手に納得してもらう」

ということに、トップグループやミドル層は努力すべきだろう。

しかしそのためには、組織内に二本のパイプがいる。
・トップダウンの回路（上から下へのコミュニケーション回路）
・ボトムアップの回路（下から上に達するコミュニケーション回路）
というものだ。

この二本のパイプは円筒形で、中にゴミをためないことが大切だ。まして、途中で折れ曲がったり、切断されるようなことがあってはならない。しかしこれがなかなかむずかしい。

たとえばトップダウンのパイプから、下に向かって流さなければいけないのは、情報、指示、あるいはトップの経営理念などである。ところが、情報にしても、その朝テレビや新聞に自分の会社に対する情報が報道されたとする。ミドルの中には、

（オレの部下も、おそらくこのニュースをみたにちがいない）

と思う。そうなると、

（このニュースは、全員が知っているはずだ）

という前提に立ってしまう。ところが会社にいくと、すぐ課長会が召集され、トップが、

「今朝のニュースは正しい。したがってあのニュースは、わが社にとって正式な情報とする」

と告げたとする。これは、いってみれば、

「報道機関が報道した段階ではまだプライベートな情報だったものが、会社の課長会という公的な組織によってオーソライズされた」

ということになる。

トップ、ミドル、ローの連携

報道機関の流した情報を組織が認めたということは、つまり私的情報が、公的情報に変わったということだ。これは、たとえ分かりきったことでも、その会議に出席した幹部は、必ず職場に戻ってそのことを部下に告げなければならない。ところが、ミドルの中には、前に書いたように、

「こんなことは、当然テレビをみたり新聞を読んだりして知っているはずだ」

という前提に立っているから、逆に、

「課長会議でオーソライズされたとしても、同じことをくり返せばオレがバカにされる」

などと思い込んで、部下に対する情報伝達をやめてしまうことがある。これはまちがいだ。やはり、

「私的情報から公的情報に変化した情報」

は、正確に部下に伝えなければならない。このネグレクトが続くと、結局はそれがつもりつもって、

「上から下への情報の断」

という現象を起こしてしまう。

もうひとつのボトムアップの回路はさらにむずかしい。というのは、意見のようなものはミドルも、

「こういう意見を出す部下を持っていることは、オレにとっても名誉なことだ」

と考え、上に伝える。ところが不平不満になるとそうはいかない。ましてそれが

自分に関するようなことであれば、

「こいつはいったい何をいっているんだ？　オレに恥をかかす気か」

と思い、握りつぶしてしまう。この握りつぶしが重なるとこれまた、

「下から上への意見や不平不満の断」

がおこなわれてしまう。したがって、組織においては、何といってもパイプの真ん中になる〝ミドルの層〟が、その組織を生き生きさせるか、あるいは死に体同様にしてしまうかの重要なカギを握っている。

新しく薩摩藩主になった島津斉彬が、

「誰でもいいから、藩政に対する意見があったら申し出よ」

といったのは、この〝ボトムアップ〟のパイプを、より強力にしようとしたことだ。斉彬からみれば、おそらく、

「下から意見が上がってこないのは、パイプの真ん中でゴミが詰まっているからだ」

と思っていたにちがいない。本来はこんなことはやってはいけないことだ。というのは、明らかに、

「ミドル無視」

につながるからである。トップとローが直結すれば、ミドルの立場はなくなる。ミドルにすれば、

「この組織では、オレたちはいらねえのかよ」

とフテくされるだろう。しかし斉彬はあえてそれをおこなった。というのは、斉彬の考えでは、

・薩摩藩は、いま非常事態におかれている。
・非常事態というのは、薩摩藩が危機に面しているということだ。
・この危機を克服するためには、尋常な手段に頼っているわけにはいかない。
・それには、トップとローが直結する必要がある。
・あるいはトップとローの直結というはさみ撃ちによって、ミドルの意識改革を求める必要がある。

と考えたのである。いってみれば、

「中間管理職改革」

のために、斉彬はあえて、

「末端の現場にいる者も、どんどんオレのところに意見を出せ」

と、トップへの直結回路を設けたのだ。明らかにこれは、

「ミドル無視」

だ。普通の時だったら、こんなことはやらない。またやってはいけない。しかし斉彬があえてこれに踏み切ったのは、

「薩摩藩の危機突破は、こういう方法による内部改革以外にはない」

と考えたからだ。

〝井の中〟から抜け出すために

末端の郡奉行所にいた西郷隆盛は、島津斉彬のこの方針を支持した。というのは、かれが身を置く郡奉行所では、ミドル層が全部堕落していて、いわば、

「パイプを切断したり、ゴミを一杯ためている」

という状態になっていたからだ。上からの理念、情報は全然降りてこない。そして自分たちの考えは、真ん中で握りつぶされてしまう。西郷は焦っていた。そこへトップの斉彬が、

「直接意見をいえ」

といってきたから勇躍した。

何度も意見書を書いた。ところが斉彬の方は、読んだのか読まないのか、すべてはナシのつぶてで手ごたえがない。西郷は怒った。そして、

「新しく藩主になった斉彬様も、結局は口先だけだ。調子のいいことをいっているだけで、出した意見書は読みもしないのだ」

と思っていた。そこへ突然、斉彬が、

「城にきて、オレの仕事を手伝え」

といってきたから、西郷は舞い上がってしまったのである。西郷は悟った。

（この殿様は、ずっとオレの意見書を読んでくださっていたのだ。そして意見書に貫かれる正義感に胸をうたれたのだ。だからこそ、それを大切に活用してくださるとおっしゃっている。オレはそれにこたえなければならない）

いかに藩主の斉彬が、

「直接自分のところに意見を出せ」

といったからといって、その意見書を読んだうえで、いきなり郡奉行所の一下級役人を城に呼び出して、自分の手足として使うなどということはない。

「おまえの意見はなかなかいい。褒美をやる」

というぐらいが関の山だろう。そして、勤めはあいかわらず郡奉行所の下級役人のままだ。

西郷はそう考えると、恐ろしさに身が震えはじめた。

そんな西郷をみて、斉彬はニッコリ笑った。

「分かったか？　薩摩藩のカエル」

そうからかった。西郷は真っ赤になって平伏した。

「よく分かりました。どうぞよろしくご指導ください」

大きな体を揺すぶりながら、畳に頭をすりつけた。斉彬はいった。

「くり返すが、わたしはおまえの正義感を高く買う。その正義感をいつまでも失うな」

「はい」

西郷はもう一度畳に頭をすりつけた。

西郷には斉彬の気持ちがよく分かった。斉彬は決して、西郷が出した意見書の内容に感心したわけではない。同じことを何度も書き続ける正義感が気にいったのだ。

いってみれば、

「精神は高く評価する。しかし、それを表現する技術はまだ未熟だ」

ということである。だから西郷のことを、

「薩摩藩という井戸の中のカエルだ」

とからかうのだ。
・視野が狭い。
・上役を攻撃すればことたれりとしている。
・自分だけが正しいと思いこんでいる。
・周りは全部まちがっていてバカだから、相手は反省すべきだ。
そういう決めつけで、意見書は満たされている。斉彬にすれば、思わず苦笑してしまう。

しかし、

(この若者はまじめだ。いまどきめずらしい)

という感じは持った。

すぐれたトップ＝すぐれた師

島津斉彬が、

「オレのそばにいて、仕事を手伝え」

といったのは、いまの西郷隆盛（当時は吉之助）を、そのまま使うということではない。斉彬にすれば、
・西郷の正義感を評価するが、必ずしもいまのやり方がすべて正しいとは限らない。
・従って、自分のやることは、西郷を再教育することだ。
・つまり、西郷の正義感がもっと生きるような人間に改造することだ。
ということだった。

斉彬にも、「青雲の志」があった。

それは、
・徳川幕府の政治はまちがっている。
・国際化・情報化のすすんでいる状況に、的確に対応していない。
・それには、自分のように太平洋に面した国を管理している大名の意見も聞くべきだ。

と考えていた。従って斉彬の頭の中にあったのは、いまでいえば、

「国際化・情報化・規制緩和下における日本はどうあるべきか。その日本の政治の中枢である徳川幕府はどうあるべきか。その徳川幕府に属する大名としての薩摩藩はどうあるべきか」

という段階的な考え方であった。

そういう理念を持った斉彬が、薩摩藩の組織をみてみると、ほとんど有能な人材がいない。とくに、ミドル層は堕落しきっている。斉彬自身も西郷吉之助にいわれるまでもなく、藩の武士たちが農民をいじめてワイロをとっていることはよく知っていた。しかし、これを一挙に直すことはできない。同時にまた、それをほじくり返してばかりいてもラチがあかない。

斉彬が考えたのは、

「藩の役人たちがそういう悪いことをするのは、藩そのものに目標がないからだ。目標を定め、そこに心を一致させることによっておのずから悪事が絶えるようにしむけるべきだ」

ということだ。つまり、斉彬にすれば、

・悪いことをする藩の武士は、道草を食っているようなものだ。
・これを本道に戻すためには、本道そのものの行く先をはっきりさせる必要がある。
つまり仕事の目的を与えることだ。
・その目的は、日本のために薩摩藩は何をすべきか、ということだ。
・そして、薩摩藩士である一人ひとりの成員が、何をすべきかということを認識すれば、いっせいに心を合わせて本道を歩き、道草を食うような武士もいなくなる。
と考えていた。

従って、ここで斉彬が西郷吉之助を登用しようとしたのは、
・自分の手足として使う。
・手足として動いているうちに、西郷自身が自分の頭脳の方の改造もおこなう。
ということである。西郷は、以後、斉彬の下でいわれるままに全く手足のごとく動いた。しかし動いているうちに、しだいに斉彬の目的を知った。

西郷は、

（このお殿様はすばらしい！）

と感嘆の声を上げた。そして、

「すぐれたトップは、単なる主人というだけではない。自分にとって、得がたい師だ」

と思うようになった。

これは現代でもあてはまる。

「すぐれたトップ、すぐれた上役」

といわれる人は、必ず、

「すぐれた指導者、教師」

の側面を持っている。島津斉彬は、西郷吉之助にとってまさに、

「すぐれた藩主」

であると同時に、

「すぐれた指導者」

であり、

「すぐれた師」

でもあったのだ。

グローバルにものを見る視点

西郷吉之助が、主人の島津斉彬から、「薩摩藩という小さな井戸の中のカエルから、日本のカエル、世界のカエルに飛躍しろ」

ということを教えられたのには、それなりの時代背景があった。

ペリーが四隻の黒船を率いて江戸湾に侵入し、日本に開国を迫ってついに和親条約を結んだ。約二一五年続いた鎖国がこうして扉をこじ開けられた。ペリーの態度は非常に強圧的であり、いってみれば恫喝外交だったが日本のためには良かった。これがきっかけになって、日本人の考え方が変わった。

薩摩藩は、もともと太平洋に面した地域にあったから、開明的な藩主島津斉彬はつねにこの問題を考えてきた。つまり、かれははじめから開国論者であって、いうところの攘夷論者ではない。

外国事情にも通じていたから、

「外国と戦争するなどという攘夷論はまさに噴飯ものだ。そんなことをしても日本は勝てるわけはない。中国がいい例だ」

と、中国がイギリスのしかけたアヘン戦争に負けて、外国列強にひどい目に遭っ

た事実をきちんとわきまえていた。斉彬は、

「そんな無益な戦争を起こすよりも、むしろ日本そのものが軍事力を強めることが必要だ。これからは国際社会に日本も乗り出して、外国と貿易をおこなわなければならない。しかし対等な立場で話し合うためには、やはり日本の国力を増進する必要がある」

と考えていた。だからかれ自身は、薩摩藩が血のにじむような藩政改革によって得た余剰金を、「鹿児島の工業都市化」に惜しみなく注いだ。現在の磯庭園と呼ばれる地域には、斉彬がつくった工場の遺跡がたくさん残されている。何でも一時期は、鹿児島市民が三〇〇〇人も働けるような大工場だったという。とくにこの工場でつくられる〝切り子〟と呼ばれるガラス製品は、当時ガラス工業で最優秀を誇ったドイツの製品を優に超えていたという。それほど斉彬の指導した鹿児島市民の工業技術はすばらしかった。いってみれば、ビートルズの生まれたリバプールが突然日本の一角に出現したようなものだった。

斉彬はこう考えていた。
・国際化の波は避けることができない。日本は早く鎖国をやめて開国すべきだ。

・開国すれば、日本は国際社会の一員となる。
・しかし、国際社会の一員になるには、いまの日本ではだめだ。
・政治・経済の体制が全くととのっていない。
・とくに徳川幕府はだめだ。
・幕府を再構築する必要がある。
・その再構築のときには、いままでのように譜代大名だけが政権の座に座るのではなく、外様大名も政権の座に参加する必要がある。
・そのときは、薩摩藩が率先してそれに参加する。

現在のことばを使えば、長年政権を独占してきた万年与党である譜代大名の他に、万年野党の地位に甘んじてきた外様大名も参加して、新しい政権をつくろうということである。

いわば「保革連合政権」の構想を斉彬は持っていた。外様大名・薩摩藩の藩主としてこの政権に参加するということは、斉彬もまた、「新政権の閣僚」になることを目指していたのである。

新時代への組織改革

島津斉彬が死んだ後、薩摩藩の実権を握るのは斉彬の弟・久光だが、久光は明治維新後よく部下だった西郷吉之助や大久保利通に向かって、

「おまえたちは、いったいいつ将軍にするのだ？」

と聞いたという。久光は明治維新で、自分が将軍になるつもりでいたようだ。これには西郷も大久保も弱った。しかし久光がこんなことをいうのには、やはり斉彬が、

「新政権の閣僚の座に座ろう」

という野望といってもいいような志があったことに根づいている。

この斉彬の考え方に賛成したのが、江戸城で徳川政権の頂点に立っていた老中首座阿部正弘である。阿部は二十四歳で老中のポストに就いたが、二十六歳でその首座の位置に座った。

阿部もまた、

「いままでのような古いしきたりに左右されるような譜代大名だけでは、いまの国難を乗り切ることはできない。優秀な人物であれば外様大名にも政権に参加しても

らいたい」

と考えていた。阿部自身は、ペリーが持ってきたアメリカ大統領の国書を日本語に訳すと、日本全国にばらまいた。そして、

「いい意見があったらどんどん出してもらいたい」

と告げた。これはいわば、

・情報の公開

・国民の国政への参加

を積極的におこなったといっていいだろう。古い大名には、

「そんなことをすれば外様大名がのさばって、徳川幕府が滅ぼされる」

と憂慮した者もいた。そしてこの憂慮は現実となって、やがて明治維新になり、徳川幕府は滅びてしまう。

だから島津斉彬や阿部正弘の考えは、

「なしくずしに現在の徳川幕府を解体し、新しい政府をつくる」

という構想だった。しかし斉彬の段階では、まだ、

「武力によって幕府を滅ぼす」

という討幕思想は現れていない。斉彬はあくまでも、

「話し合いによって新しい政権をつくる」

という構想を持っていた。

西郷が目覚めたのは、斉彬から懇々とこういう状況を教えられたからである。西郷は自分の頭をガンガンと叩いた。そして、

「オレはいかに井戸の中のカエルだったか。全く目先のことしか考えていなかった」

と思った。たしかに身近な役所での先輩や上役の汚職は告発する必要がある。しかしそれはただ暴いただけではだめだ。

「なぜそういうことが悪いのか」

ということを教えなければならない。つまり告発の目的を知らせることである。それによって汚吏《おり》が反省し、心の底からすまないと思い、

「今後は国民に奉仕する役人に変わる」

という動機づけにならなければ意味がない。阿部は斉彬に手を差し伸べた。

「あなたのような外様大名には、ぜひ幕府の政治に参加していただきたい」

といい出したのである。阿部はさらに、土佐の山内豊信《とよしげ》、伊予宇和島の伊達宗城《むねなり》、

越前の松平慶永《よしなが》（春嶽《しゅんがく》）、肥前佐賀の鍋島直正などにも呼びかけた。これらの大名には共通点があった。それはこれらの大名家がすべて、太平洋、日本海、玄海灘などの外洋に面していたからである。阿部は、

「外洋に面した地域を管理していれば、当然海防問題にもすぐれた意見や知識を持っているはずだ」

と考えた。何といっても海からくる列強とどう対応するかということが、当時の一番大きな政治課題であった。

「青雲の志」を結実させる

外交が大きな課題になると、この国の政治の頂点に立つ将軍すなわち、

「政治上の主権者」

である征夷大将軍が、どういう人物でなければならないかということがつぎの問題になってくる。このころの将軍（十三代家定）は病弱で、能力を欠いていた。そのために多くの人びとが心配していた。

「あんな将軍では、日本が潰れてしまうかも知れない」

という危機感を持っていた。そこで、

「次の将軍はこの人がいい」

といわれたのが一橋慶喜であった。

慶喜は前水戸藩主徳川斉昭の息子である。しかし若い時から、

「英明で、人望がある」

といわれていた。

阿部正弘をはじめ、島津斉彬たち阿部から呼びかけを受けた大名と、また阿部の登用した有能な幕臣たちはいっせいに、

「一橋慶喜擁立運動」

を起こす。そして若き西郷吉之助は、斉彬の特命によってこの運動の真っ只中にとびこんでいく。かれは薩摩藩の地方役所から、一躍日本の政界の渦の中に入りこんでいくのだ。

しかしこの運動は、阿部の急死、それに続く斉彬の急死によって挫折する。西郷は、その後幕府の実力者となった大老井伊直弼《なおすけ》によって起こされた「安政の大獄」で、

「全国指名手配の国事犯」

として追及される。

薩摩藩に戻ってきた西郷を、藩政府はもてあました。しかし殺すわけにはいかない。若い武士たちの間にすさまじいほど人望がある。もし切腹でもさせたら収拾のつかないような騒ぎがおこる。そこで奄美大島に流した。わずかな給与を与えて、

「死んだことにして幕府には届ける」

といった。当時の藩政府はしだいに斉彬派から久光派に変わっていたが、しかし藩の人間に対する温情は保守派の役人にもあった。

西郷は久光が嫌いだった。ことごとに、

「あなたは斉彬様の足下にも及ばない」

と非難した。これが久光を怒らせ、西郷はさらに沖永良部島《おきのえらぶじま》に流されてしまう。しかしこの二回の流罪の経験で、西郷はさらに大きな目標を手にする。それは、

「敬天愛人」

の思想である。つまり、

「天を敬い、民を愛する」

ことが、政治家がもっとも大事にしなければいけないことだと考える。これがかれの生涯を通ずる政治理念になる。

西郷吉之助が西郷隆盛となり、偉大な政治家に成長していく過程には、なんといっても島津斉彬という巨大な存在があった。斉彬は西郷にとって、単なる主人であったわけではない。

「偉大なる師」

であり、

「偉大なる指導者」

であったのである。その後何度が苦しい目に遭ったとしても、斉彬に出会ったことは西郷にとって、もっとも幸福な事件であったに違いない。そうなると、やはり人間にとって大事なのは、

「出会い」

であり、その出会った人間に対しどういう印象を持ち、その人物から何を学ぶかによって左右される。西郷隆盛は、島津斉彬がやろうとしたことを、下級役人の身から興して、それを明治維新に結実させたのである。

〈本書は一九九九年、小社より『将の器　参謀の器』として四六判で刊行されました。〉

青春文庫

将《しょう》の器《うつわ》 参謀《さんぼう》の器《うつわ》
あなたはどちらの"才覚"を持っているか

2001年10月20日　第1刷
2014年9月10日　第16刷

著　者　童《どう》門《もん》冬《ふゆ》二《じ》
発行者　小澤源太郎
責任編集　株式会社プライム涌光
発行所　株式会社青春出版社
〒162-0056 東京都新宿区若松町 12-1
電話 03-3203-2850(編集部)
03-3207-1916(営業部)
振替番号　00190-7-98602
印刷／共同印刷
製本／ナショナル製本
ISBN978-4-413-09214-2
© Fuyuji Doumon 2001 Printed in Japan

本書の内容の一部あるいは全部を無断で複写（コピー）することは著作権法上認められている場合を除き、禁じられています。

ほんとうのあなたに出逢う ◆ 青春文庫

知らなきゃ損する！「NISA」超入門

話題の少額投資非課税制度、そのポイントとは？　押さえておきたい情報だけをこの1冊に。

藤川　太［監修］

(SE-585)

この一冊で「伝える力」と「学ぶ力」が面白いほど身につく！

人の気持ちを「グッ」と引きつけるワザがぎっしり!!

知的生活追跡班［編］

(SE-586)

「その関係」はあなたが思うほど悪くない

人づきあいがラクになる「禅」の教え

「人」から離れるのは難しい。でも「悩み」から離れることはできる。

枡野俊明

(SE-587)

データの裏が見えてくる「分析力」超入門

こういう「モノの見方」があったなんて！　仕事で差がつく！　世の中の仕組みがわかる！　ビッグデータ時代の最強ツール！

おもしろ経済学会［編］

(SE-588)

ほんとうのあなたに出逢う◆青春文庫

間違いだらけの仕事の習慣

No.1コンサルタントが明かす
「なれる最高の自分」になる
最短の方法

小宮一慶

(SE-584)

脚が長くなる! ウエストがくびれる!
1日2分「ひざ裏たたき」で下半身からヤセる!

たった1週間で太ももマイナス4.5センチ、
下腹マイナス9センチ、ふくらはぎマイナス1
センチ…骨格から変わる奇跡のエクササイズ

南 雅子

(SE-589)

「かど」と「すみ」の違いを言えますか?
日本人なのに意外と知らない日本語早わかり帳

素朴な日本語の疑問を豊富な
イラストで解説。ひと目でわかる!
日本語の「へぇ~」がいっぱい!

日本語研究会[編]

(SE-590)

お客に言えない食べ物のカラクリ

まさか、そんな秘密があったなんて!
気になる真相に鋭く迫る
「食」の裏事典!

㊙情報取材班[編]

(SE-591)

図解 この「戦い」が世界史を変えた！

なるほど、そうだったのか！
歴史を塗り替えた
44の大激突、その全真相。

水村光男［監修］

(SE-592)

たった1分美肌フェイスニング
シミ、たるみが消える。ハリとツヤに大効果！

顔と肌が生まれ変わる
表情筋の秘密。
一生モノの自信をあなたへ。

犬童文子

(SE-593)

知らないとマズい暗黙の掟〈ルール〉

そんな「タブー」があったとは!!
スーパー、銀行、お役所、マスコミ…
㊙ゾーンの内側、全部見せます！

㊙情報取材班［編］

(SE-594)

30分で達人になるInstagramとVine

プロ級にキレイな写真、オモシロ動画…が
スマホで簡単に撮れる！
加工して楽しめる！

戸田　覚

(SE-595)

地図で読み解く！
戦国軍師の知略

将を動かし勝機を摑んだ、
名参謀の手腕とは！
——大河ドラマがグンと面白くなる！

中江克己

(SE-596)

稼ぎ続ける人の話し方
ずっと貧乏な人の話し方

言葉がお金に換わる
モノの言い方があった！
営業、プレゼン、セミナー…もう怖くない

松尾昭仁

(SE-597)

読みはじめたらとまらない
ダンテ『神曲』

こんなに面白い話だったのか！
世界文学の最高峰『神曲』の
本当の楽しみ方がこの一冊でわかる！

知的生活追跡班[編]

(SE-598)

「話を聞ける子」が育つ
ママのひと言

いま話題の「アドラー心理学」の子育て！
集中力がつく！
「聞く力」が身につく！

星　一郎

(SE-599)

ほんとうのあなたに出逢う ◆ 青春文庫

地理から読みとく世界史の謎

歴史の謎研究会［編］

スペイン語を使う国が多い南米で、なぜブラジルはポルトガル語圏？目からウロコ！　楽しく教養が身につく本

(SE-600)

たった1秒 iPhoneのスゴ技130

戸田　覚

そんな使い方ではもったいない！〝裏ワザ〟〝㊙ワザ〟を一挙に公開！

(SE-601)

進撃の巨人「壁」の向こうの真実

巨人の謎調査ギルド

故郷の戦士、座標の力、獣の巨人——「最大の謎」を、あなたは確実に見落としている！

(SE-602)

日本人なら知っておきたい！所作の「型」

武光　誠

「型」は見た目の美しさ、「粋」は心くばりの美しさ！　世界が注目する日本人の礼儀、品性、美意識とは…

(SE-603)